保育内容

人間関係

子どもの人との関わりと
保育実践を学ぶ

藪中征代・近内愛子・玉瀬友美
編著

萌文書林
houbunshorin

- 事例の子どもの名前は，すべて仮名です。保育者の名前は，本文内に断りのある一部を除き，すべて仮名です。
- 本文中に記載された会社名および製品名は，各社の登録商標または商標です。なお，本文中では，™，©，®マークは明記しておりません。

はじめに

みなさんは保育内容「人間関係」を学ぶということについて、どのようなことをイメージしていますか。

子どもは自身の居場所のなかで、いろいろな活動を体験しています。たとえば、家庭を例に考えてみましょう。家庭は子どもにとって、はじめての人間関係を体験する場です。家庭には、両親やきょうだい、祖父母などがいます。そのなかでの交流の経験がその後の人生に生かされていきます。

ただし、はじめての人間関係を必ずしも家庭のなかで経験しなければならないといっているのではありません。家庭以外の幼稚園や保育所、認定こども園、近所の公園や児童館、子育て支援センターなどの経験もいろいろな体験をする機会として重要です。とくに少子化が進む現在は、家庭では経験できない多彩な体験をする機会です。

1990年代中頃から、マスコミで使われるようになったことばに「公園デビュー」があります。このテキストを手にしているみなさんは知らないかもしれませんね。

このことばは、「母（父）親と子どもが公園に行って楽しく遊ぶこと」を意味しています。2000年代中頃からは、このことば自体も過去のものとみなされるようになっています。「公園デビュー」ということばの意味することは、「子どもの居場所は発達とともに広がっていく」ということです。子どもは、生まれてすぐのころには家庭内を中心に過ごしています。その後、親に連れられて、公園や子育て支援センター、そして、幼稚園や保育所などに行くようになります。このように乳幼児期は、人間関係の基礎を培う時期といえるでしょう。したがって、それを保障するためにも、幼稚園や保育所、認定こども園などの施設において、子育て支援を含めて質の高い保育が求められています。そのためにも、友達や保育者と対面して、関わり合っていく機会が増えていくように計画することが重要なのです。

本書は、2017（平成29）年３月に告示された幼稚園教育要領、保育所保育指針、幼保連携型認定こども園教育・保育要領の改訂（定）の内容を踏まえて構成しています。本書の内容は、幼稚園教諭や保育士などを目指す学生が、保育内容「人間関係」の基礎を学ぶテキストとして使っていただきたいと思います。

最後になりましたが、本書の企画・編集に際して萌文書林の皆様、とくに構想の段階から温かく見守り、適切な対応をしてくださいました編集部の赤荻泰輔氏には、心より感謝の意を表したいと思います。

2023年８月

編者代表　藪中征代

保育内容 人間関係
子どもの人との関わりと保育実践を学ぶ

Contents

第Ⅱ部 人との関わりの発達

第Ⅲ部 遊びのなかから生まれる人との関わり

第7章　対話的な学び　95

第8章　協同的な学び　112

第Ⅳ部 人との関わりを支える保育者の役割と計画

第 I 部

領域「人間関係」とは

第1章

領域「人間関係」に求められるもの

 人間関係とは何か

保育内容「人間関係」は，幼稚園教育要領，保育所保育指針，幼保連携型認定こども園教育・保育要領に示された５つの「領域」の一つです。「人間関係」は，「他の人々と親しみ，支え合って生活するために，自立心を育て，人と関わる力を養う」領域とされています。人が人として生きていくために大変重要な意味を含んでいます。

「他の人々と親しみ」という意義は，家庭や家族を基盤にしながら，その関係性をていねいに広げていくところにあります。その基礎となる部分は，母子関係や第三者との信頼関係です。ここでイギリスの精神医学者ジョン・ボウルビィ（Bowlby, J. 1907-1990）の言葉を引用すると，重要な他者との愛着形成[1)]となります。乳幼児期の安心感，安全基地として，母親を中心とした愛着形成は，その後の人間関係に大きな影響があることは周知のことです。このことは母親や家族だけに限定される関係性の形成ではなく，家族に代わる第三者であっても，その親密さや信頼が基盤にあることが重要なのです。その関係性を基盤として，子どもは自己の世界を拡大するプロセスを経ていきます。

ほかの人々と親しむためには，乳幼児期の基盤としての愛着形成や人に深く愛されていることが重視されなければなりません。ほかの人々と親しむことが可能となり，子どもにとってのあこがれの存在や重要な他者との深い信頼関係の成立が，子どもの安心感の基盤となり，新しい人との出会いや出来事との出会いに対する基礎となるのです。したがって，その基礎となる安心感や信頼感が乏しくなることは，新たな人との出会いやつながり，親しみを形成することが拒まれる可能性につながると考えられるでしょう。このことは保育者や周囲の大人が十分に理解し，個々の子どものもっている課題やつながりを把握する必要があるでしょう。

家庭のなかで虐待や家庭不和に巻き込まれている乳幼児には，その基盤が欠落している可能性も十分に考えられます。現代においては，どの子どもにも必要な，基礎的な信頼関係の形成が難しくなっているということを意識しておきましょう。そして，その欠落がその子どものその後の人間関係に大きな影響を与える可能性があることを意識する必要があるでしょう。したがって，人間関係の領域が目指している「他の人々と親しみ」という意味を十分に理解することです。

「人間関係」は，時代の流れや変化のなかで重視されるべき領域であり，幼稚園と家庭・地域社会との連携について，幼稚園教育要領の前文には次のように記されています。

> (略)…各幼稚園がその特色を生かして創意工夫を重ね，長年にわたり積み重ねられてきた教育実践や学術研究の蓄積を生かしながら，幼児や地域の現状や課題を捉え，家庭や地域社会と協力して，幼稚園教育要領を踏まえた教育活動の更なる充実を図っていくことも重要である。

また，幼稚園教育要領の第１章総則「第６　幼稚園運営上の留意事項」の２および３においても，その意義について以下のように述べられています。

> ２　幼児の生活は，家庭を基盤として地域社会を通じて次第に広がりをもつものであることに留意し，家庭との連携を十分に図るなど，幼稚園における生活が家庭や地域社会と連続性を保ちつつ展開されるようにするものとする。その際，地域の自然，高齢者や異年齢の子供などを含む人材，行事や公共施設などの地域の資源を積極的に活用し，幼児が豊かな生活体験を得られるように工夫するものとする。また，家庭との連携に当たっては，保護者との情報交換の機会や保護者と幼児との活動の機会を設けたりなどすることを通じて，保護者の幼児期の教育に関する理解が深まるように配慮するものとする。
>
> ３　地域や幼稚園の実態により，幼稚園間に加え，保育所，幼保連携型認定こども園，小学校，中学校，高等学校及び特別支援学校などとの間の連携や交流を図るものとする。特に，幼稚園教育と小学校教育の円滑な接続のため，幼稚園の幼児と小学校の児童との交流の機会を積極的に設けるものとする。また，障害のある幼児児童生徒との交流及び共同学習の機会を設け，共に尊重しながら協働して生活していく態度を育むよう努めるものとする。

以上述べてきたことからも，領域「人間関係」の諸々の課題は，家庭や地域社会と不可分の関係にあるといえるでしょう。具体的には，幼児期の人間形成においてもっとも影響を与える環境は，家族や地域社会であり，その重要な役割や機能を担っているといえるからです。「他の人々と親しみ」が基本として形成されることが，「ほかの人々と支え合って生活する」ことと「自立心を育てる」ことにつながっているのです。

人が人として生きていくことは，発達過程から見ると自立を目標とすることが大変重要です。ただし，人が人として生きていくためには，協力したり，協働したりして，相互に助け合う互恵的な関係も重要となってきます。常に人に頼るのではなく，集団のなかで自立心が育まれ，他者と協働することにより，共に自立した人となることも求められています。人が生きる力を発揮するということは，協力や協働するという，相互に助け合う互恵的な関係性も必要となるのでしょう。自立することだけを要求される保育現場での実践も多くありますが，他者と協力して生きていく意味も理解しておくことが保育者には重要な意味をもっています。したがって，人が人として生きていくこととは，他者と協力して生きることの大切さやよろこびを乳幼児期から十分に経験することが求められます。このことは，最終的に「人と関わる力を養う」ことにつながることを理解しておきましょう。

現代の子どもの生活は，大人の生活に大きく影響を受けています。核家族が増え，保護者の就労が多くなり，保護者の勤務時間によって生活時間や登降園時間が決まります。また，幼稚園などでの短時間保育に通っている子どもが降園後に遊ぶ友達は，保護者同士の仲がよいという現状があります。子どもを狙った凶悪犯罪などの影響で，子ども同士で降園後に誘い合って遊ぶということは少なくなり，どこに行くのも保護者が一緒となっています。

また近年，ニートとよばれる若年無業者やひきこもりといった思春期から青年期に生じる社会への適応の問題が取り沙汰されています。この要因はさまざまなものがからみ合っているといわれていますが，一つの要因として対面でのコミュニケーションが苦手であるという意識があげられています[2)]。

それでは，「人と関わる力」とはどのような力なのでしょうか。アドルフ・ポルトマン（Portmann, A. 1897-1982）は，「生理的早産」[3)]ということをいっています。これは，人間はほかの動物と比べ生理的に未熟な状態で生まれてくるということです。このときに，ただ乳児が受け身の存在であれば，人として存在意義が薄れてしまうという可能性が高くなるでしょう。人と関わるということは，相互の信頼関係を形成するとともに，他者とのやりとりを行いながら「生きる」ことの基礎を学ぶことなのです。

以下に示した事例１を読んで，現代社会と領域「人間関係」について考えてみましょう。保育の重要な働きは，「子どもが人やモノなどの環境に主体的に関わることを支え促す」ことです。

〈事例〉 1－1

マイちゃん

（3歳，6月）

マイちゃんは幼稚園に入園して2か月が過ぎても，担任保育者のそばから離れようとせず，表情は硬くジッと立っていることが多くあります。6月に入り，クラスの前の園庭では，色水遊びが始まっています。暑くなってきた季節に水に触れて気持ちよさそうにしている子どもたちが多いなか，マイちゃんは，担任保育者とその様子を見ているだけです。保育者は「マイちゃんもやってみる？」と誘ってみますが，硬い表情のまま顔を横に振ります。顔に水がかかりそうになるとその場からよけます。保育者は色水の入ったカップを「きれいだね」といいながら見せて，カップを渡そうとしますが，マイちゃんは一向に受け取りません。保育者がほかの子どものところに動くと，その動きに合わせてマイちゃんも移動しますが，何にも手を出さないで降園時間になってしまいました。

2 乳幼児の発達をとらえる視点としての保育内容5領域

乳幼児期の子どもは能動性を発揮するなかで育っていきます。この発達の特徴に基づいて保育は行われています。幼児教育において，幼児期の発達の特徴と保育方法が対応していることについてみてみましょう。

【幼児期の発達の特徴】[4)]

幼児期の発達を促すために必要なこととして，幼児期の能動性という視点を重視していますが，それについては以下のことが大切です。

・人は周囲の環境に自分から能動的に働きかけようとする力をもっていること
・幼児期は能動性を十分に発揮することによって発達に必要な経験を自ら得ていくことが大切な時期であること
・能動性は，周囲の人に自分の存在や行動を認められ，温かく見守られていると感じられるときに発揮されるものであること

【保育方法の特徴】[5)]

幼稚園の保育は一般に次のようなプロセスで進められます。

①幼児の姿から，ねらいと内容を設定する。
②ねらいと内容に基づいて環境を構成する。
③幼児が環境にかかわって活動を展開する。
④活動を通して幼児が発達に必要な経験を得ていくような適切な援助を行う。

上記のことから，発達のとらえ方にもとづいて，保育の方法の特徴を読み取ることができるでしょう。このことは，幼稚園教育要領，保育所保育指針，幼保連携型認定こども園教育・保育要領により，幼稚園および保育所などでの教育・保育の考え方やあり方が規定されています。これらのことに共通していることは，乳幼児期の子どもの発達は，環境との関わりをとおして育つ姿が基盤にあることです。身近な環境に子どもが能動的に関わり，環境をとおした関わりでの経験や気づきなどから子どもは育っていくということです。上記のことから，環境との関わりを通して子どもが発達するという発達観から，子どもの発達をとらえるための５領域の視点が導き出されています。領域「人間関係」は，人と関わる力の育ちに関する領域ですので，上記で示した発達観のなかから人と関わる力の育ちに注目してみましょう。

3 発達の基盤としての人と関わる力

保育所保育指針などの発達観には，人と人の関わりがていねいに示されています。ここではとくに，身近な大人との関わりを起点として，乳児期から幼児期にかけての子どもは人との関わりを広げていくということが示されています。乳児は抱きしめられたり，やさしい声で話しかけられたり，ていねいに話をされたりという関わりをとおして，身近な大人との間に愛情にもとづいた温かな関係をつくっていきます。この

関係を基盤として，子どもなりの関わり方で身のまわりの世界を広げていくのです。人と関わる力は，前にも触れましたが，人と人とのつながりをつくることで，周囲の環境に能動的に関わるための意欲の基盤になるのです。幼稚園教育要領，保育所保育指針などにも示されています能動的に環境と関わる力です。子どもが能動性を発揮するためには，安心して周囲の環境と関われること，そしてそれを支える身近な大人との間に安定した関わりがあることが大切なのです。したがって，人と関わる力は発達の基盤であるといえるでしょう。

まず子ども同士の関わりでは，お互いの主張が行き違うこともあるでしょう。また，思いがけない友達の発想に出会うこともあるでしょう。そうした出会いのなかで，子どもが友達の思いを考えたり，それを思いやったりするようになります。この自分の思いを調整したり，新しい考えや発想を得たりするようになることなのです。集団生活のなかでは，能動的に周囲の子どもや大人と関わり，人とともに生活するために，人と関わっていくための力として発達していきます。

『幼稚園教育要領解説』には「幼児の自己発揮と自己抑制の調和のとれた発達」と書かれています。目の前の子どもが成長して社会に出たとき，目標に向かって他者と協同し，それぞれの子どもがもつよさを十分に発揮できるようになってほしいものです。このような発達の基盤として，幼児期に「自己発揮と自己抑制の調和のとれた発達」をうながしていくことが非常に重要です。自己を発揮するということは，他者との間で自己主張をすることが含まれています。ここでいう自己主張と自己抑制の発達には違いがあります[6)]。

皆さんは，マシュマロ・テストを聞いたことがありますか？　1960年代にスタンフォード大学のビング保育園で行われた実験です。現在，この自己抑制のもつ人生に対するポジティブな影響が注目されています。「今，マシュマロを食べたい」という衝動的な欲求を抑え，目標を達成するために自己をコントロールする機能です。この機能を実行機能といいます。この目標に到達するために意識的に行動を制御することは，２～３歳ごろの子どもは状況により行動を柔軟に切り替えることは難しいのですが，４～５歳ごろになると，したいことを我慢して，今すべきことを選択できるようになります。

ただし，子どもたちの日常場面は，上記に示したマシュマロ・テストのように単純ではありません。自分の思いだけでなく，相手の思いもからんできます。年齢が低ければ低いほど，自分の思いを言葉で表すことは難しいもので，この思いを幼稚園や保育所などでは，保育者が解きほぐしていく必要があります。

演習　振り返り

1．あなたは幼稚園実習で４歳児クラスに配属されました。４歳児クラスは，どのように援助していけばよいでしょうか。３歳児クラスと対比しながら具体的事例をあげて考えてみましょう。

2．最近，入園してくる子どもが自己主張をしないというケースが増えています。「好きなことをして遊ぼう」と誘っても，好きなことが見つけられず，保育者のまわりに立ちすくんでしまう子どもが見られます。どのようなことが影響していると考えられますか。具体的に事例をあげて説明しましょう。

【引用文献】

1）ジョン・ボウルビィ,二木武訳（1993）『母と子のアタッチメント―心の安全基地―』,医歯薬出版.
2）財団法人社会経済生産性本部（2007）「ニートの状態にある若年者の実態及び支援策に関する調査研究報告書」.（https://www.mhlw.go.jp/houdou/2007/06/dl/h0628-1b.pdf 2023年６月30日閲覧）
3）アドルフ・ポルトマン,高木正孝訳（1961）『人間はどこまで動物か―新しい人間像のために―』(岩波新書),岩波書店.
4）一般社団法人保育教諭養成課程研究会（2020）「幼児一人一人が未来の創り手に―幼児教育Q＆A―」(2019年度文部科学省委託研究）.
5）一般社団法人保育教諭養成課程研究会,前掲書４）.
6）柏木恵子（1988）『幼児期における「自己」の発達』,東京大学出版会.

第2章 幼児教育・保育の基本と領域「人間関係」の「ねらい及び内容」

1 領域「人間関係」が目指すもの

領域「人間関係」は，人との関わりに関する領域です。

子どもの発達には，運動の発達，言葉の発達，認知の発達などさまざまな側面があります。領域「人間関係」は，子どもの発達を「人との関わり」という視点から示しています。

幼児期は，生活のなかで自発的・主体的に環境と関わりながら直接的・具体的な体験をとおして，生きる力の基礎が培われる時期です。そのようななかで，幼児の主体性を大事にしながら，人との関係をつくる資質・能力を育てようとすることが，領域「人間関係」において目指されています。

次頁の表1にあるように，領域「人間関係」は「他の人々と親しみ，支え合って生活するために，自立心を育て，人と関わる力を養う」ものであるという意味づけがなされています。

社会生活は，人と関わることなしには成り立ちません。人と関わる力の基礎となるのは，自分がまわりの人々に受け入れられ，見守られているという安心感，安定感や，そこから生まれる，見守ってくれている人々に対する信頼感です。身近な大人との信頼関係を基盤にして，子どもは自分を取り巻く環境に関心を広げ，自分の生活を確立していきます。しかし，ほかの人々と親しみ，支え合って生活していくためには，自分がしなければならないことを自覚し行動できる自立性，自主性の育ちや，生活していくために守らなくてはいけないことを自分からやり遂げようとする気持ちの育ちが大切です。このような心情，意欲，態度を合わせ含みながら，人と関わる力を育てることが領域「人間関係」の中心となる考えです。

●表1　領域「人間関係」のねらい及び内容

人間関係

　他の人々と親しみ，支え合って生活するために，自立心を育て，人と関わる力を養う。

ねらい

①幼稚園の生活を楽しみ，自分の力で行動することの充実感を味わう。

②身近な人と親しみ，関わりを深め，工夫したり，協力したりして一緒に活動する楽しさを味わい，愛情や信頼感をもつ。

③社会生活における望ましい習慣や態度を身に付ける。

内容

①先生や友達と共に過ごすことの喜びを味わう。

②自分で考え，自分で行動する。

③自分でできることは自分でする。

④いろいろな遊びを楽しみながら物事をやり遂げようとする気持ちをもつ。

⑤友達と積極的に関わりながら喜びや悲しみを共感し合う。

⑥自分の思ったことを相手に伝え，相手の思っていることに気付く。

⑦友達のよさに気付き，一緒に活動する楽しさを味わう。

⑧友達と楽しく活動する中で，共通の目的を見いだし，工夫したり，協力したりなどする。

⑨よいことや悪いことがあることに気付き，考えながら行動する。

⑩友達との関わりを深め，思いやりをもつ。

⑪友達と楽しく生活する中できまりの大切さに気付き，守ろうとする。

⑫共同の遊具や用具を大切にし，皆で使う。

⑬高齢者をはじめ地域の人々などの自分の生活に関係の深いいろいろな人に親しみをもつ。

※保育所保育指針，幼保連携型認定こども園教育・保育要領と同じ内容。ただし，「幼稚園」を「保育所」あるいは「幼保連携型認定こども園」と読みかえる。

（文部科学省（2017）「幼稚園教育要領」より作成）

領域「人間関係」の「ねらい及び内容」

2017（平成29）年に幼稚園教育要領，保育所保育指針，幼保連携型認定こども園教育・保育要領が初めて同時に改訂されました。保育内容５領域の「ねらい及び内容」についてみると，幼稚園教育要領の「ねらい及び内容」と，保育所保育指針と幼保連携型認定こども園教育・保育要領における３歳以上児の「ねらい及び内容」は，「幼稚園」「教師」「幼児」などの一部の用語を除いて同じです。このことは，幼稚園，保育所，認定こども園のうちのどこに通っている子どもであっても同じ教育・保育が受けられることを示しています。

以下では，幼稚園教育要領に沿って，領域「人間関係」のねらい及び内容についてみていきましょう。

（1）領域「人間関係」のねらい

幼児期の教育において育みたい力（資質・能力）は３つあります。「知識及び技能の基礎」「思考力，判断力，表現力等の基礎」「学びに向かう力，人間性等」です。領域「人間関係」におけるねらいは，これらの資質・能力を「人間関係」という視点からとらえて，保育の目標をより具体化したものです。

知識や技能とは，「何を知っているか，何ができるか」ということであり，小学校以降の教育では各教科等に関する個別の知識や技能などを指します。一方，幼児期の教育で育みたい力はその基礎となるものであり，遊びや豊かな体験を通じて，子ども自身が実際に感じたり，気づいたり，わかったり，できるようになったりすることを意味しています。たとえば，園庭にある木についている葉の色や形，手触りは，木々によって違うことに気づいたり，練習をして竹馬に乗れるようになったりといった経験が，知識や技能の基礎となります。

小学校以降の教育で身につけることが目指されている「思考力，判断力，表現力等」は，問題発見・解決や協働的問題解決のために必要な力ですが，幼児期の教育で育みたい力はその基礎となるものであり，遊びや生活のなかで気づいたことや，できるようになったことなどを使い，考えたり，試したり，工夫したり，表現したりすることを指します。たとえば，水道から樋（とい）を使って砂場に水を入れるときに，長さや幅の違う樋をどのように組み合わせるかを考え，判断し，やってみる経験が，思考力，判断力，表現力等の基礎となります。

「学びに向かう力，人間性等」は，主体的に活動に取り組む態度，自己の感情や行動を統制する力や思いやりなど，情意や態度等に関わるものが含まれており，「どのように社会と関わり，よりよい生活を営むか」ということと関連しています。このように，「学びに向かう力や人間性等」とは，「知識及び技能の基礎」「思考力，判断力，表現力等の基礎」が育まれていくなかで身についていく包括的，情意的な力といえます。

次に，表１に示した領域「人間関係」の３つのねらいをみていきましょう。

① 幼稚園生活を楽しみ，自分の力で行動することの充実感を味わう

子どもが取り組んでみたい遊びを見つけ，自分の力で行動した結果，予想したとおりにうまくいくこともあるでしょうし，思ったような結果が得られないこともあるでしょう。大事なのは行動したかどうかや，うまくいったかどうかではなく，何かに積極的に取り組んだことによって充実感や満足感を味わうことです。

人と関わる力の基礎は，自分が周囲の人に受け入れられ，温かく見守られていると感じることから生まれる，人への信頼感です。園生活においては，保育者との温かい信頼関係があり保育者に見守られていると感じているからこそ，子どもは集団生活を楽しく感じることができ，自分の力で行動することの充実感を味わうことができます。

② 身近な人と親しみ，関わりを深め，工夫したり，協力したりして一緒に活動する楽しさを味わい，愛情や信頼感をもつ

身近にいる保育者や他児への親しみが増し，関わりが深まってくると，自分の意思や感情をお互いに表現し合うようになり，ときには他児と葛藤が生じることもあるでしょう。そのような経験のなかで，考えを出し合って工夫したり協力したりすることの大切さに気づきそれができるようになることで，活動はより楽しいものになります。そして，人との関わりが深まると，共感や思いやりの気持ちも育っていき，他者への愛情や信頼感につながっていきます。

③ 社会生活における望ましい習慣や態度を身に付ける

保育者や他児との関わりのなかで，してよいことと悪いことがあることに気づき，よい行動をとることが気持ちのよいことであると感じ，よりよい社会生活をしていく上でのきまりの大切さに気づくことをとおして，きまりを守ろうとする態度が身についていきます。

社会生活において望ましいとされている行動がとれることだけが大事なのではなく，そのような習慣や態度が自分の経験や気づきにもとづいたものであることが大切です。

このように，「ねらい」は，幼児期の終わりまでに育っていることが期待される心

情，意欲，態度であり，「幼稚園における生活の全体を通じ，幼児が様々な体験を積み重ねる中で相互に関連をもちながら次第に達成に向かうもの」[1)]ですが，達成目標ではなく，そのような方向に育ってほしいという方向目標であることに注意が必要です。

（2）領域「人間関係」の内容

保育内容５領域における「内容」とは，「ねらい」を達成するために，保育者が指導する事項です。「ねらい」が示している方向へ子どもが育っていくには，適切な環境構成のなかで展開する具体的な経験が必要です。「内容」には，子どもが「ねらい」にふさわしい経験をするための保育者の援助が示されています。

次に，領域「人間関係」の内容をみていきましょう。

① 先生や友達と共に過ごすことの喜びを味わう

はじめての集団生活を経験する子どもは，家庭での生活との違いにとまどい，自分の気持ちをうまく表現できないこともあるでしょう。保育者は，一人ひとりの子どもに温かな関心をもち，受け入れ，園が安心して生活できる場であると子どもが感じることができるよう関わることをとおして，子どもとの信頼関係を構築することが何より重要です。その信頼関係を基盤にして子ども同士の関わりが生まれ，自己主張のぶつかり合いによる葛藤も経験しながら，子どもは保育者や他児と一緒にいるよろこびや充実感を味わうようになっていきます。

② 自分で考え，自分で行動する

自分で考え，行動した結果が自分の思ったとおりであってもなくても，興味をもって取り組んだこと自体に充実感や満足感を味わい，次の活動への意欲が生まれることが大切です。子どもは自分の考えや行動が他児に受け入れられたり拒否されたりする経験をとおして，自分とは違う他児の考えや行動に気づき，他児とは違う自分という存在に心が向いていきます。

自分の力で考えて行動するためには，「やってみたいこと」が子どものなかに生まれる必要があります。保育者は，「やってみたいこと」が生まれる環境を構成し，子どもの考えを受け止め，ときに一緒に考え，安全面に配慮しながら期待をもって子どもの行動を見守ることが大切です。

③ 自分でできることは自分でする

それまでまわりの大人の助けがなければできなかったことが自分でできるようになると，子どもは次々と新しいことに挑戦するようになります。しかし，やってみたけれど自力ではできないことがわかると，保育者に援助を求めてくることもあるでしょう。

保育者は，「できる」「できない」という結果よりも，自分の力でやろうとする意欲を十分に認め，うまくいかなかったときには子どもが気持ちを立て直し，保育者を心のよりどころとしながら再び挑戦し，自立に向けて動き出すことができるよう関わることが大切です。

④ いろいろな遊びを楽しみながら物事をやり遂げようとする気持ちをもつ

好きな遊びを見つけると子どもはじっくりとそれに取り組むようになります。すぐには思うような結果が出なくても，その活動が楽しければ，粘り強く何度も挑戦するでしょう。保育者は，子どもがやり遂げたいと思うような活動が生まれる環境を構成することが大事です。

そのような環境のなかで感じる「やり遂げた」といううれしい気持ちだけでなく，「なかなかうまくいかない」という悔しい気持ち，保育者や他児と遊ぶことができたというよろこびを受け止め，共感してくれる保育者に支えられて，子どもの自立心や責任感も育まれていきます。

⑤ 友達と積極的に関わりながら喜びや悲しみを共感し合う

子どもは，人と関わることをとおしてさまざまな感情を経験します。友達と一緒にごっこ遊びをして楽しい，サッカーをしてうれしいといった経験だけでなく，読みたかった絵本を友達が先に読んでいて悲しかったり，かけっこで一番になれずに悔しかったりすることもあるでしょう。そして，楽しいときにはともによろこび，悔しいときにはなぐさめ，励ましてくれる保育者の存在が支えとなって，友達との間にさまざまな感情の交流が生まれます。そして，そのような関わりのなかで友達の感情に気づき，共感し合うようになっていきます。

⑥ 自分の思ったことを相手に伝え，相手の思っていることに気付く

子どもは，親しみを感じた相手に自分の思いを伝えようとします。そして，思いが伝わったことで遊びがより楽しくなると親しみの気持ちが増し，相手の存在に関心を

もち，相手の思いにも気づいていきます。そのようにして，友達との関わりが深まっていきます。

保育者は，子どもが自分の思いを友達に伝えたいと思い，友達の思いにも心を向けたくなるような環境を設定し，遊びのなかでお互いの思いやイメージがうまく伝わらずに活動が停滞する場合には，状況に応じて援助することも必要でしょう。

⑦ 友達のよさに気付き，一緒に活動する楽しさを味わう

思いを伝え合いながらともに生活するなかで，子どもは自分と同じようにサッカーが好きな友達もいれば，自分は苦手な折り紙が得意な友達もいるなど，自分とは違う思いや特性をもっている他者の存在に気づくようになります。そして，友達に遊びを教えてもらったり，自分が教えたりして，お互いのよさを認め合いながら，一緒に活動することの楽しさを味わうようになっていきます。

友達のよさに気づくと，それができない自分が気になったり，活動への意欲が薄れてしまったりすることもあるでしょう。そのようなときには，保育者がその子どものありのままの姿をみとめ，よさを見いだし，励ますことで，子どもは安心してさまざまな活動に意欲的に取り組むようになります。

⑧ 友達と楽しく活動する中で，共通の目的を見いだし，工夫したり，協力したりなどする

子どもは，友達と一緒に活動することが楽しくなってくると，その活動を発展させようとします。そして，友達と共通の目的に向かって思いを出し合ったり，工夫したり，力を合わせたりすることで，子どもたちの人間関係が次第に広がり深まっていきます。その過程で，自己主張がぶつかり合うことがあっても，友達とともに活動し目的を達成したときの充実感は一人では得られないものであることを子どもは感じます。

保育者は，活動を発展させようとして自己主張し合うあまり，子どもが共通の目的を見失うことがないよう見守るとともに，工夫したり，協力したりする楽しさを十分に味わえるように援助することが大切です。

⑨ よいことや悪いことがあることに気付き，考えながら行動する

子どもは，お手伝いをして保育者に感謝されたり，物を壊してしまった友達が注意されているのを見たりして，よい行動や悪い行動があることに気づいていきます。そのとき，善悪の判断には，信頼する大人の言葉や行動が大きな影響を与えます。

保育者は人としてするべきこと，してはいけないことをときに毅然とした態度で示

す必要があります。その一方で，ただ善悪を教え込むのではなく，やってよいことと悪いことを子ども自身が考えていけるように，物を大切にすることや，他者の立場になって考えることの重要性を伝えることが大切です。

⑩ 友達との関わりを深め，思いやりをもつ

仲のよい友達とイメージを共有して遊んだり，思いがぶつかっていざこざになったりしながら，子どもは友達との関係を深めていきます。そのなかで，自分の思いと相手の思いがいつも同じではないことを理解するようになり，相手の立場に立って気持ちを思いやることができるようになっていきます。

人に対して思いやりの気持ちをもつことができるのは，自分の気持ちを思いやってもらった経験があってのことです。保育者は，子ども一人ひとりの心を気遣い，思いやりのある行動をするモデルになる必要があります。

⑪ 友達と楽しく生活する中できまりの大切さに気付き，守ろうとする

友達と活動することが楽しくなり，関わりがよりいっそう深まると，相手が嫌がることをすれば一緒に遊べなくなり，自分も相手も楽しくないということを子どもは実感します。そして，きまりを守って活動することが友達と楽しく生活する上で大切であることや，きまりは自分たちでつくることができるということもわかるようになっていきます。

保育者は，ただきまりを守らせるだけでなく，必要性を理解した上で守ろうとする気持ちをもたせることが大切です。そのような経験をとおして，子どもは自分をコントロールする力を徐々に身につけていきます。

⑫ 共同の遊具や用具を大切にし，皆で使う

保育室にある大型積み木を使った後で元の場所に戻していなかったり，園庭にある滑り台や手洗い場などが汚れたままになっていたら，次に使う人が遊べなかったり，気持ちよく使えないことに気づく経験が子どもにとってまずは大切です。

そのような経験が基盤となって，みんなで使う物を大切にしたいという気持ちが育まれ，共通の遊具や用具をみんなで使うことができるようになっていきます。

⑬ 高齢者をはじめ地域の人々などの自分の生活に関係の深いいろいろな人に親しみをもつ。

高齢者のお話を聞いたり，昔の歌や遊びを教えてもらったり，障がいのある人とゲームをするなど，地域で生活している多様な人々と親しみをもって交流することは，人と関わる力を育てる上で大切です。

人はまわりにいるさまざまな人たちと関わり合い，支え合いながら生きているということ，そして，そのような人間関係のなかで生活することは心地よいことなのだと感じることで，人を大切にし，自分も大切にする気持ちが生まれます。

3 幼児期の終わりまでに育ってほしい姿と領域「人間関係」

「幼児期の終わりまでに育ってほしい姿」は，幼児期にふさわしい活動をとおして資質・能力が育まれている幼児の具体的な姿であり，10項目に整理されています（次頁の表2）。これらは到達目標ではなく，幼児教育修了時に見られる姿の方向性を示したものであり，小学校以降の発達段階においても連続してみられるものです。

この10の姿のなかで，とくに領域「人間関係」との関わりが大きいと考えられるのは「自立心」「協同性」「道徳性・規範意識の芽生え」「社会生活との関わり」です。順にみていきましょう。

（1）自立心

主体的な活動としての遊びのなかで，「一輪車に乗りたい」などの「やってみたいこと」が生まれます。それをやり遂げるには，自分の身体に合った一輪車を自分で見つけたり，使う順番を守ったりするなど，しなければならないことがあります。そして，考えたり，工夫したりしながら何度も練習して，あきらめずに自分なりにやり遂げた結果，達成感や満足感を味わいます。そのような経験を重ねることで，「自分にもできそうだ」という自信が生まれます。

「やってみたい」という気持ちをもつには安心して活動できる環境が必要です。見守ってくれる保育者の存在を支えにして子どもは自己を発揮し，身近な環境に主体的に関わっていきます。

このように，自立心とは，信頼する大人との関わりのなかで安心してやりたいことを見つけ，達成感や満足感を味わいながら，子どもなりにやり遂げることができる姿を示しています。

● 表２　幼児期の終わりまでに育ってほしい姿

①健康な心と体	幼稚園生活の中で，充実感をもって自分のやりたいことに向かって心と体を十分に働かせ，見通しをもって行動し，自ら健康で安全な生活をつくり出すようになる。
②自立心	身近な環境に主体的に関わり様々な活動を楽しむ中で，しなければならないことを自覚し，自分の力で行うために考えたり，工夫したりしながら，諦めずにやり遂げることで達成感を味わい，自信をもって行動するようになる。
③協同性	友達と関わる中で，互いの思いや考えなどを共有し，共通の目的の実現に向けて，考えたり，工夫したり，協力したりし，充実感をもってやり遂げるようになる。
④道徳性・規範意識の芽生え	友達と様々な体験を重ねる中で，してよいことや悪いことが分かり，自分の行動を振り返ったり，友達の気持ちに共感したりし，相手の立場に立って行動するようになる。また，きまりを守る必要性が分かり，自分の気持ちを調整し，友達と折り合いを付けながら，きまりをつくったり，守ったりするようになる。
⑤社会生活との関わり	友達と様々な体験を重ねる中で，してよいことや悪いことが分かり，自分の行動を振り返ったり，友達の気持ちに共感したりし，相手の立場に立って行動するようになる。また，きまりを守る必要性が分かり，自分の気持ちを調整し，友達と折り合いを付けながら，きまりをつくったり，守ったりするようになる。
⑥思考力の芽生え	身近な事象に積極的に関わる中で，物の性質や仕組みなどを感じ取ったり，気付いたりし，考えたり，予想したり，工夫したりするなど，多様な関わりを楽しむようになる。また，友達の様々な考えに触れる中で，自分と異なる考えがあることに気付き，自ら判断したり，考え直したりするなど，新しい考えを生み出す喜びを味わいながら，自分の考えをよりよいものにするようになる。
⑦自然との関わり・生命尊重	自然に触れて感動する体験を通して，自然の変化などを感じ取り，好奇心や探究心をもって考え言葉などで表現しながら，身近な事象への関心が高まるとともに，自然への愛情や畏敬の念をもつようになる。また，身近な動植物に心を動かされる中で，生命の不思議さや尊さに気付き，身近な動植物への接し方を考え，命あるものとしていたわり，大切にする気持ちをもって関わるようになる。
⑧数量や図形，標識や文字などへの関心・感覚	自然に触れて感動する体験を通して，自然の変化などを感じ取り，好奇心や探究心をもって考え言葉などで表現しながら，身近な事象への関心が高まるとともに，自然への愛情や畏敬の念をもつようになる。また，身近な動植物に心を動かされる中で，生命の不思議さや尊さに気付き，身近な動植物への接し方を考え，命あるものとしていたわり，大切にする気持ちをもって関わるようになる。
⑨言葉による伝え合い	自然に触れて感動する体験を通して，自然の変化などを感じ取り，好奇心や探究心をもって考え言葉などで表現しながら，身近な事象への関心が高まるとともに，自然への愛情や畏敬の念をもつようになる。また，身近な動植物に心を動かされる中で，生命の不思議さや尊さに気付き，身近な動植物への接し方を考え，命あるものとしていたわり，大切にする気持ちをもって関わるようになる。
⑩豊かな感性と表現	心を動かす出来事などに触れ感性を働かせる中で，様々な素材の特徴や表現の仕方などに気付き，感じたことや考えたことを自分で表現したり，友達同士で表現する過程を楽しんだりし，表現する喜びを味わい，意欲をもつようになる。

※幼児期の終わりまでに育ってほしい姿は，保育所保育指針，幼保連携型認定こども園教育・保育要領にも同様に示されている。

（文部科学省（2017）「幼稚園教育要領」より作成）

（2）協同性

保育者に読んでもらった絵本のイメージがきっかけとなり，「忍者屋敷づくり」へと遊びが発展することがあります。イメージを共有し，役割分担して大型積み木を運んだり，マットを敷いたりして，みんなで一つの活動に取り組み，やりたいことをみんなで実現します。見守ってくれる保育者との信頼関係を基盤に友達との関わりを深め，思いを伝え合ったり試行錯誤したりしながら一緒に活動を展開する楽しさや，共通の目的が実現するよろこびを味わうなかで協同性が育まれていきます。

協同性とは，ただ何人かが集まって同じ活動をしたり，仲良く遊んだりすることを指しているのではありません。一緒に活動するなかで，友達と気持ちが通じ合い，それぞれの持ち味が発揮され，互いのよさを認め合う関係ができてくることが大切です。

（3）道徳性・規範意識の芽生え

道徳性の芽生えは，相手の気持ちに共感し，もし自分が相手の立場ならどうするかを感じとり思いやる姿です。一方，規範意識の芽生えは，集団で生活していく上でなぜルールが必要なのかを理解したり，どんなルールが適しているかを考えたり，守ろうとする姿です。

物の取り合いになり友達を泣かせてしまったり，みんなで考えたルールで楽しく遊んだりするなど，集団生活のなかで感情や意志を表現し合い，ときには自己主張のぶつかり合いによる葛藤などをとおして互いに理解し合う体験を重ねながら，相手を思いやる気持ちやルールを守ろうとする態度は，気持ちを調整する力とともに育まれていきます。

（4）社会生活との関わり

保育者との温かい信頼関係を基盤にして，園のなかで友達との親しい関わりをもてるようになった子どもたちは，園外の人と関わることによって人との関係性を広げていきます。近くの商店で買い物をして親切に接してもらったり，高齢者の手助けをして感謝されたりして，地域にはさまざまな人がいることに気づき，人と関わることの楽しさや人の役に立つことのよろこびを感じ，地域に親しみをもつようになっていきます。そして，さまざまな価値観をもった地域の人々との出会いと交流をとおして，身近な人たちに支えられていることに気づき，心のよりどころである家族を大切に思う気持ちも育っていきます。

また，園内外のさまざまな環境に関わるなかで，お店で買ったりんごの種類を図鑑で調べて保育者や友達に教えるなど，情報を集めたり，調べたりしたことをまわりに知らせる姿がみられるようになります。ICT機器を活用する環境として，タブレットやデジタルカメラを使った活動も考えられますが，保育者は，子どもの好奇心や探究心を大事にしながら，発達段階にふさわしいICT機器の使い方に配慮する必要があります。

「幼児期の終わりまでに育ってほしい姿」のなかで，とくに領域「人間関係」に関連する４つの姿をみてきました。「幼児期の終わりまでに育ってほしい姿」のそれぞれの項目は個別に育つのではなく，子どもの自発的，主体的な活動としての遊びをとおして，関連し合いながら育まれていきます。保育者は，「幼児期の終わりまでに育ってほしい姿」を子どもの発達の方向性を示すものとして留意しつつ，一人ひとりの子どもの特性を考慮して，それぞれの時期にふさわしい指導をしていくことが求められます。

演習　振り返り

1．最近の子どもは「人と関わる力」が弱くなってきているといわれています。それはなぜでしょうか。あなたの幼児期の人間関係，父母世代の幼児期の人間関係と比較して調べ，考えをまとめてみましょう。

２．幼稚園教育要領は1989（平成元）年以降，約10年ごとに改訂されています。領域「人間関係」の「ねらい及び内容」に関して，2008（平成20）年に告示された幼稚園教育要領にはなく，2017（平成29）年に告示された現在の幼稚園教育要領に示されている事項について調べ，なぜそれが追加されたのか考えをまとめてみましょう。

【引用文献】

1）文部科学省（2017）『幼稚園教育要領』，フレーベル館，p.14.

【参考文献】

・無藤隆・汐見稔幸・砂上史子（2017）『ここがポイント！３法令ガイドブック―新しい『幼稚園教育要領』『保育所保育指針』『幼保連携型認定こども園教育・保育要領』の理解のために―』，フレーベル館．

第 II 部

人との関わりの発達

第3章 乳児期から幼児期前期の子どもの人間関係の発達

生まれたばかりの赤ん坊の目にはどんな世界が映っているのでしょうか。ヒトは「早産動物」であるといわれ，生物としては未熟で，か弱いまま生まれてきたようにみえますが，実は誕生直後から他者の語りかけや微笑みのリズムに合わせて，まるでダンスのように身体を乗り出したり引いたりする[1]など，他者との関係のなかで生きていくのに適した生得的なしくみをもち合わせています。ヒトの子どもは，その子どもとの出会いをよろこび，関わらないではいられない人々のネットワークのなかへ，自分もそれに応えうる存在として生まれ，わずか数年のうちにおどろくべき変化を遂げていきます。本章では，０歳から２歳ごろの子どもたちの「関わる」姿にみられる発達の特徴とそれをふまえた保育や子育ての視点について述べていきます。

1 ０歳児の育ちと人との関わり

（1）コミュニケーションする身体

①「響き合い，つながる」自他の一体化

生後間もない新生児の目の前で舌を突き出し，口唇（こうしん）をすぼめ，口の開閉を行うと，新生児もモデルと同じような動作をすることが知られています。この現象は新生児模倣[2]や共鳴動作[3]と呼ばれ，生まれながらに他者の身体運動を模倣する力をもつと考えるのか，それとも反射のようなものと考えるか，その生起メカニズムについては現在も議論が続いています[4]。ただ確かにいえるのは，新生児は生理的欲求の満足から離れて，目の前のヒトと一体化しようとすること，ヒトという刺激に反応しやすい

（つられる）こと，相手もその動作交換のなかに思わず引き込まれてしまうということです[5)]。

②「呼吸を合わせる」主体としての調整

３か月を過ぎるころには，養育者が乳児をベビーチェアから抱きあげようと手を伸ばすと，大人の手が乳児に触れる前に，乳児の背中がアーチ状になってもちあがるのを観察することができます。乳児は自分自身に向けられた大人の行為の指向性を検知し，行為がとろうとしている特定の型を認識して[6)]，自分の行動を調整しているのです。

大人が乳児を抱いているという日常的な状況について，発達行動学者の根ケ山光一が次のように説明しています[7)]。

> 確かに子を抱いているのは母親であるが，しかし子を抱くという能動的な役割を果たしながら，母親は子の身体から重さや暖かさ，柔らかさなどの刺激を受け取っている。また子も，抱かれながら実は自分で微妙に身体のバランスをとったり，手や足などを使って母親の身体にかかわり，それを握ったり抱えたり，あるいは寄りかかったりして抱かれる側の役割を能動的に演じている。子は，母親の姿勢や動き，手の位置などに応じて調整を行っている。また母親の抱き方にも，子の姿勢や行動に即応して微妙な調整がなされている。抱くという行為は，実はこのような時々刻々の母親と子の「響き合い」によって成立している共同作業なのである（西條・根ヶ山，2001）[8)]。

二者は働きかける立場であると同時に働きかけられる立場でもあり，ほとんど無意識に相手の反応を確かめながらより心地よい姿勢やリズムを探しあてようとしています。とはいえ，私たちの身体がいつでも響き合えるのかというと，そうではありません。たとえば，むずかる子どもをあやす場面や食事場面で，世話する大人の側の能動がもっぱら作動して，泣き止ませる，食べさせるという一方向的な対応になると，かえって子どもは泣きを強めたり，食べる意欲が落ちたり，といったことがみられます。互いに余裕のない条件下では，相手の誘いや応答よりも自分の都合が前景化されてしまい，相互の調整が機能しないということが往々にして起こります。日々の保育や子育ての営みを，互いの身体が感応し合うコミュニケーションとしてとらえると，相互主体的に満足を共有していく過程の奥深さが見えてくるように思います。

③ 見つめ合いから，予期をもったやりとりへ

他者に向かってニッコリ微笑む「社会的微笑」は３か月ごろに出現します。新生児期の浅い睡眠状態のときに見られる自発的微笑（生理的微笑）とは異なり，こちらの顔を見て微笑むので，微笑み返さずにはいられません。乳児が「アー」「ウー」とクーイングで発声すると，大人はごく自然に「ごきげんいいですねぇ」「そうですか，お腹一杯ですか」などと語り返します。見つめ合う双方向のコミュニケーションが本格的に始動します。

乳児がさまざまな他者と出会う経験を積み重ねることで，他者とのコミュニケーションのパターンを見いだすことを示すデータがあります[9)]。フランスの乳児心理学者ロシャ（Rochat, P.）らは，生後２，４，６か月の乳児が「見知らぬ」他者とコミュニケーションする場面で，乳児への微笑みを突然停止させるという意地悪な実験を行い，乳児の反応を調べました。その結果，２か月児では微笑みが停止されても他者の顔に注意を向けていましたが，４，６か月児では他者への注意が途切れ，さらに６か月になると他者が微笑みを再開しても乳児はその不自然さに「抵抗する」かのように微笑みを回復させませんでした。このような月齢差から，ロシャらは，生後半年ほどの間に経験してきた他者との関わりをとおして，乳児はコミュニケーションにおける典型的なパターンを見いだし，予期をもって相手と関わるようになる，と述べています。なるほど，ロシャらの研究に参加した４，６か月児は，相手の微笑みには微笑みで，微笑みの停止には停止でというように，「お返し」のパターンを選択しているようです。６か月ではそのコミュニケーション・パターンへの関与がより強くなり，相手がそれまでのパターンを勝手に変更したことにとまどいや不満を示しているように見えます。

総じて大人のあやしは，乳児の反応を「鏡のように」しかもオーバーに返していることが多いので，相手と同じような反応を交わし合うパターンが検出されやすいと考えられます。乳児は予期したとおりの相手の反応をよろこび，再度引き出そうと全身で誘いかけ，すると相手もまたそれに応じるという，相互のまねっこが継続します。自分がこうすればどんな反応が返ってくるのか，次にどうなるのかがわかるルーチン化された他者とのコミュニケーションは，安心や信頼を感じ合うものになるでしょう。

④ 「かけ引き」と「見せびらかし」

４か月を過ぎるころからは，「自分－他者」という「二項関係」を中心としたやりとりがいっそうバリエーションをもちはじめます。一例をあげると，イナイイナイバァやタカイタカイにみられるように，相手をじらしたり，おどろかせたりという，わざとコミュニケーション・パターンや「間」をずらす成分が含まれるようになりま

す。互いに相手の意図を読みながら，気持ちを感じ取りながら，予期とそこからのズレのあいだで，スリルを楽しみます。

7・8か月ごろには，はじめて会った人に自分の芸当を見せびらかすような姿も見られます。覚えたてのポーズや動作を実際に披露して，ほめられるとその行為を繰り返します。他者の自分への注目にとても敏感に気づいて，笑いを取ろうとしたり，「賞賛を得るために，賢い，もしくは難しい行為を行おう」[10] としたりします。このような他者の心を先読みするような「人間くさい」ふるまいの土台には，自分と相手は同じような心をもっていて，楽しさやおもしろさを共有できるという基本的な感覚があると考えられます。

（2）他者の視点から世界を知ることの始まり

① 意図をもつ主体としての他者理解

5か月ごろに乳児がオモチャをじっとみているのに気づくと，大人は「そう，これがほしいの」と手に取って動かして見せ，乳児の手に握らせようとしたりします。自分（大人）との関係と対象への注意を持続させる巧妙な足場を提供しています。そのようにして「自分－他者」の間に媒介となる別のモノが少しずつもち込まれ，乳児は「自分－媒介項（モノ）－他者」という構図の場に置かれるようになります。ただし，それはまだ大人の支持に依存するもので，モノの引っ張り合いっこや，やりもらい遊びが盛んになるのはもう少し先です。しばらくは，乳児－他者，乳児－モノの二項関係的な関わりが続きますが，９か月から12か月ごろに大きな変化が訪れます。

およそ９か月ごろ，共同注意という新しい行動が創発してくることによって，子どもと大人と，両者が注意を向ける対象（モノ，事象）とが三角形に結ばれ（三項関係），互いに相手の対象への注意をモニターして相互作用するようになります。これにより，典型的には，大人が何かを見ているのに気づくと，乳児の側が柔軟かつ確実に大人の視線を追いかけたり（視線追従），新奇な場面で大人の視線や表情から情報を得ようとしたり（社会的参照）するようになります。このことは，乳児が，他者を意図をもつ主体として認識していて，他者の視点を追うことができ，他者を通じて対象について学ぶことができるようになったことを意味します。他方，乳児は指さしなどの直接的な身振りで，自分が注意を向けている対象に大人の注意を向けさせようとするようにもなり，モノを手渡してきたり，見せびらかしたりもします。大人に同調するだけでなく，大人を同調させようとして働きかけるようになるのです。

② 他者をとおして世界を見る，自分自身を理解する

重要なのは，三項関係成立以降の指さしや身振りには，「あれとって」「抱っこして」のような要求や指令的なものだけでなく，「大きい！」「あれは何だろう」といった宣言的なものが含まれるという事実です。子どもは他者と一緒に世界を見て，他者をとおして世界を知ろうとする，つまり認知を共有しようとするのです。そして，この時期，動作のあとに大人のほうを振り返って「今の見た？」というように確認する様子が見られます。子どもが気にしているのは，相手も自分と同じように見ているか，共感しているかです。この一瞬のサインに，「一緒に味わっているよ」と応えてもらえる経験が，他者との共同世界を豊かに広げていくのだと思います。

そして，そのように他者をとおして知ることができるものの一つが自己です。相手の自分に対する態度をモニターできるようになると，「他者が自分に抱く感情についての理解が，自己概念の一要素になり，はにかみ，自意識，自尊感情の発達につながる」といわれます[*1]。大人の世話なしに生きることが難しい子どもの行動をその有能性と可能性の表現として（あるいは否定的に）意味づけて関わる大人は，子どもの自己概念の形成過程で大事な役割をもつことになります。

（3）探索を支える関わりの網の目

① 興味の広がりと探索の基地

早くも４～５か月くらいになると，養育者がどんなにがんばっても乳児の注意を自分のほうに留めておくことが難しくなってきます。乳児はまわりをキョロキョロ見まわして，おもしろそうなモノを見つけると自ら接近しようとして抱かれている手から逃れようとしたりするのです。乳児が養育者を「確かなもの」「熟知したもの」として，新しい興味を広げていることがわかります。

一般的にまったく新しいものは，まずおどろきや後退を引き起こし，次に一定の距離からの慎重な観察が行われた後に，最初は用心深く，しだいに大胆に接近と探索が開始されます[11)]。この探索は「基地」としての養育者（母性的人物）の存在によって促進されることが知られています。

＊1　マイケル・トマセロ（Tomasello, M.）は，ヒトだけが同種の者を自分と同じく意図をもった主体として理解するという考えにもとづいて，赤ちゃんが自分自身についての他者の知覚のシミュレーションを用いて自分を理解しているのだと説明しています。詳しくは，マイケル・トマセロ，大堀壽夫他訳（2006）『心とことばの起源を探る―文化と認知―』（シリーズ認知と文化４），勁草書房，pp.121-123を参照してください。

② 「くっつき」で自分を守る

未知の探索に乗り出すときには，不安や恐れといった情動が喚起されやすくなります。生物には，身体に起こる急激な生理的変化を一定の範囲内に保とうする性質が備わっており（恒常性：ホメオスタシス），哺乳類動物はホメオスタシスが崩れると養育個体の身体に近接し，接触（アタッチ）することで生存可能性を高める行動制御システムをもっています[12)]。そのため，不安定になった乳幼児は，吸う，しがみつく，後を追う，泣く，ほほえむといったアタッチメント行動によって，養育者を自分のほうに引き寄せ，自身の不安やストレスの軽減，解消をはかろうとします。

イギリスの精神医学者ボウルビィは，アタッチメント行動について「個人にとって有害となるような危険を減少させたり，過去に不安をひき起こしたものを和らげ，そして安全であるという感覚を増大せしめることができるところの行動」と定義して[13)]，「いざとなればいつでもくっつける」安定的な関係が築かれることが子どもの心身の健康やパーソナリティに大きな影響を与えると考えました[14)]。子どもが抱っこをせがむとき，背中や膝から離れないときなど，本能的に自分を守ろうとする行動であるなら，抱き癖や甘やかし癖の懸念より安心を回復できる基地でありたいと思います。

③ 子どものサインを受け止める関わりの網の目

アタッチメント理論は子育てや保育現場に浸透した理論の一つですが，その受け止め方には過剰な解釈や理論そのものにも偏りがあるのではないかという指摘があります。霊長類の行動を研究する比較認知科学が専門の明和政子は，生存戦略の一つであるアタッチメントが子どもと養育者のあいだに形成される情愛の絆というものに引きつけて理解され，アタッチメント対象は母親であるべきという印象がもたれていることには根拠がないとして，子どもの発するシグナルを安定的に受け止め，安心感をつねにもたらしてくれる「特定の存在」がそばにいることが重要なのだと述べています[15)]。また，古典的アタッチメント理論では，子どもはまず一人の対象（基本的に母親）との緊密な愛着関係を結び，それをモデルとしてほかの人間関係に応用・拡大していくと考えられてきましたが，人間は本来，「血縁だけでなく非血縁を含む所属集団の複数のメンバーが共同で子育てを行ってきた（アロマザリング　共同養育）という見方が人類学や霊長類学を中心に示されています」[16)]。現代の子育て環境においても，養育に関わるのは家族に限られておらず，複数の人とアタッチメントを形成し，その多様な経験を統合していくことが，より安定した心理，社会的適応を可能にするという考え方はうなずくことができるように思われます。

1歳児の育ちと人との関わり

（1）有能な自己へ

① 巧まずしてしたたかに，好奇心の赴くままに

「一歳です」。この一行から始まる「紹介」[17]という詩は，詩人の吉野弘（1926-2014）が1歳になった愛娘を詠んだものです。「おいた，します」「おなか，空（す）きます」と向日的な描写が続き，この時期の乳児の見飽きない魅力が伝わります。

幼い子どもの顔つきに特有の「かわいらしさ」の印象を調べた根ケ山光一によれば，もっとも幼い生後すぐの子どもがかわいらしさにおいて最低ランクに評定され，生後1年程経ったあたりにかわいらしさのピークがくるそうです[18]。これは，未熟で動きまわれない新生児期よりも，離乳が進み位置移動も可能になる時期に子どもの危険性が大きくなり，親が子どもに対して目を注ぐ必要があることと関係するのではないかと考えられています。旺盛な知的探求心を自ら行動に移すことができるようになり，吉野の長女の「おいた」も果てしなく展開したのだろうと想像します。事例3-1は，筆者の育児記録（保育園の先生との連絡帳からの採録を含む）にあったものです（なお，本章の事例は断りのない限り，同じ記録からの抜粋です）。

〈事例〉 3-1

育児記録から

（1歳5か月4日）

リモコン，キーボード，CDプレイヤー，空気清浄機，ボタンやスイッチを押したくて押したくてたまらない。「ダメだよ」といわれても，大人の顔色をうかがいながら，指が伸びてくる。母が電子レンジを使おうとすると，飛んできて，操作しようとする。さすがに止めたが，ターンテーブルが回るのをじっと見ていた。夕方，母が電話から戻ると，バナナとリモコンが温められていた。「温めスタート」のボタンがわかっているらしい。「危ないから，これはダメ」と強めにいうと，悲しそうな表情になったが，数分後には冷蔵庫にブロックのかたまりを入れようとしていた。

② 探索行動と意味世界の広がり

０歳の後半でも，はいはいで突進していって小さなモノをつまんで舐めてみたり，つかまり立ちで頭上のモノを引っ張ったりと，探索行動が活発になっていますが，少し様子が違ってくるのは，探索の対象と，そこに向かう自分に対する大人の反応にも注意が向き始めることです。実験や挑戦にも称賛されるものとそうでないもの，ときには危険回避のためにきつく叱られるものがあることを体験しながら学んでいきます。「身近にあるものを，単なる物理的なものではなく，人間的な意味をおびた物，意味世界の構成物として認識しはじめる」[19] のです。そして，その意味概念とことばが三項関係のなかでつながっていきます。

子どもが最初にわかるようになることばは，「ちょうだい」「だめ」「バイバイ」など，大人との関わりのなかで自然に繰り返し聞いていることばであることが多いようです。意味のあることば（有意味語）がはじめていえるようになってから，30〜50語に増えるのは，およそ10か月から１歳半過ぎごろにあたります。ことばの増え方には個人差がありますが，ことばを「わかる」「言える」は，他者との情動的な通じ合いのなかで，具体的には身振りやごっこ遊びで豊かな表現ができることと一体に育ちます。

（2）イメージの世界を共有する

① ストーリーに乗る

今，ここにないものをイメージする力（表象能力）とことばが結びつくことで，見立て遊び・つもり遊びの世界を仲間と共有できるようになります。事例3-2は，保育者が連絡帳に記録したものです。保育園の午睡明け，まどろんでいる子もいるなかで，目覚めた子どもが動き始めています。

〈事例〉 3-2

おねんねごっこ

（1歳6か月10日）

アイちゃんが布団の上にぬいぐるみを寝かせてお世話をしているところに，とおりがかったレイくん。大きな声で「寝る！」といって，ゴロリ。すると，アイちゃんはあうんの呼吸でレイくんの上にクッションを載せて，トントン……。とても気持ちよさそうに目を閉じているレイくんです。N先生が保育室のカーテンを開けながら，「おはよう，もう朝ですよ」と声をかけると，二人はさっと起き上がり，テキパキ布団をたたんで片づけに行きました。

二人の「おねんねごっこ」は，おそらく時間にして数分の短いものだったはずですが，アイちゃんのごっこに気づいたレイくんが即座に自ら配役して加わり，アイちゃんもそれを受入れて，共同で遊びを生成するプロセスを楽しんでいます。また，この先生の呼びかけがさすがです。二人のごっこの「ものがたり」に添いながら，現実の園生活時間の活動（次はおやつ）に，「朝ですよ，起きましょう」と誘っています。「朝ですよ」の一言が起きて活動を開始する合図になるという文脈を三人は共有しているようです。子どもたちの「ものがたり」と現実はつながっています。

②「振り」をつくる

次も保育園での記録です。

〈事例〉 3-3

あかちゃん，かーいー

（1歳8か月8日）

今日，赤ちゃん（0歳児）を抱いているとやって来て，「あかちゃん，かーいー（カワイイ）」といって頭をいっぱいなでてくれました。「レイちゃんも可愛いね」といいながら同じようになでると，うれしそうに笑いながら，自分の頭もなでていました。

事例3-3でおもしろいのは，赤ちゃんを「なでる」という自分の行為が，保育者になで返されたことで，自らの感覚器官に入力されて戻ってくる結果になり，さらにそれを自分の身体に再現していることです。おそらく保育者からの「見え」も意識しながら出現したと思われる，「かわいがる」身振りの「なでる」について，好ましく評価されることを確認し，さらに自分で自分を「なでる」ことでボディイメージの確認にもなっています。

事例3-4では，自分への期待や周囲の他者からの反応を経験しながら，大人の身振りやことばを取り入れて背伸びしながら身振りをつくっています。自分や他者の身振りへの関心の高まりのなかで，「「振り」をつくる行動は，身振りを通して，「ふりをする」行動へと発展」[20] していきます。「いい子ぶり」「泣くふり」など，演出家が振りつけるときのように，自分を演出する表現行為を生み出していくようです。

〈事例〉 3-4

痛いの，痛いの，飛んでけー！

（1歳10か月23日）

散歩の途中で転びましたが，自分で「痛いの，痛いの，飛んでけー！」といいながら，痛さをつかんで投げるしぐさをしていました。まわりの保育士から「かっこいいねー」「たくましいねー」と声をかけられていました。

2歳児の育ちと人との関わり

（1）他者とは異なる自分の立場，役割，視座

① 自分の立場を主張する

２歳児は，離乳の完成，歩行の確立，ことばの獲得と，赤ちゃんと呼ばれていた時代の行動様式を脱しつつあります。まだまだ身辺自立とはいきませんが，生活のいろいろな面でずいぶん自信がついてきていて，周囲の人々と「自分も同じ」ようにやってみたがります。その自信と行動力には脱帽しますが，誰かが何かをやっていると「ボクガ，ボクガ！」と取って代わろうとし，「ワタシモ，ワタシモ！」と割って入り，「ワタシノ！　ボクノ！」と自分のほうへ引き寄せてしまい，大人から注意されることが増えます。

〈事例〉 3-5

ちがう，いっしょのやつ

（１歳11か月19日）

休日の朝，父親が掃除機をかけていると，「お手伝いする」といって，始めは掃除機の柄にぶら下がるようにしていたのが，「レイちゃん（自分），やるから」と父親から取りあげて，ゴンゴン，ヘッドを取りまわす。父親が「（レイちゃんは）まだ小さいからいいよ」といっても聞かない。テーブルのまわりや本棚の前など，自分の活動エリアでガチャガチャやった後，「終わりましたよ」と自慢げに電源を切った。母親が「助かりました，ありがとう」というと，ひと仕事やり終わった風情で「お茶にしない，コーキー（コーヒー）」といってくる。母親がコップにちょっぴりコーヒーを入れてあとは牛乳を注ごうとすると，「ちがう，（大人と）いっしょのやつ」と要求。

② 「この人」と「わたし」

２歳０か月29日の記録には，「お風呂はママと，トーストにバターをぬってもらうのはパパ，牛乳はママでもよい，CDはパパと，自分で細かく決めていて，大人がそれと気づかずに手を出すと『○○とやる！』と抗議する。とてもしつこく泣いて怒る」とあります。

今となっては，子どものなかに譲れない「自分」や「つもり」が存在していたことを微笑ましくも感じますが，当時はほとほと手を焼きました。「どうしてママじゃダメなの？」と聞いても「パパ，パパ」と泣き喚き，何をそんなに怒っているのか理解できないことがよくありました。フランスの心理学者ワロン（Wallon, H. 1879-1962）は，この時期の子どもは「ほとんど挑発的ともいえるほどに自我を主張する段階」[21]にあるとして，他者を拒否することで自分の意志を確認しているのだと説明しています。確かに，それまで何もかもわかってくれるはずの大人と「通じ合えない」事態は，否が応でも他者と違う自分という存在に気づかせ，自分の「つもり」があることをその場に浮きあがらせます。

ただ，子どもは誰彼構わずかんしゃくを起こすわけではありません。わかってくれるはずの人が「わかってくれない」ことに怒りをぶつけるのです。そこからもわかるように，「子どもは身近にいて通じ合える〔この人〕をもとにしながら，自分をとりまくさまざまな人びとを，認知・情報的枠組みの中へいろいろの役割の重みづけで位置づけて」[22]，社会的ネットワークを形成していきます。「それを基盤にして子どもは，「この場合にはこの人に」「あれはあの人に」など，伝達や内容によって伝える相手を選んだり，相手によって伝達内容を変えるように」[23] なります。

③ 自分の「つもり」

「つもり」は「○○のように自分もやりたい」というような目標であり，「こうしてみたい」という自分なりのプランであるようです。「つもり」が育つにつれて，現実には，大人のまねをしたいけれど能力的に難しい，オモチャを使いたいけれど，ほかの子どもが使っている，遊具に乗りたいけれど今の時間は禁止されている，といったさまざまな場面でフラストレーションを感じることが多くなります。

地団太（じだんだ）踏んでいる２歳児の心のうちでは，自分の意志を主張していく自信と心細さ，誇りと依存など複雑な感情が動いているのではないかと想像します。だんだん通じない人になっていく大人は，葛藤する子どもを「受け止めている」ことをシグナルで返して，「どうしたいのか」を聴きながら，「どうするのがよいのか」をいっしょに考えていこうという関わりを根気よく続けることが重要になってきます。他者と共鳴する身体をもちながら，相手と自動的に響き合うことを拒否して，自己主張する自分との出会いを，一緒に受け止め意味づけてくれる大人の支えが必要なのだと思います。

まだまだ雄弁ではない２歳のこの時期だからこそ，「もしかしてこうしたかったのかな」「次は○○してみようか」と，互いにもてることば，身振りや表情なども総動員して「聴き合う」積み重ねが，３歳以降の対話力の基盤になっていくと考えられます。

（2）ものがたりの共同生成

① 表象を共有する

２歳を過ぎると，眼前にない世界が他者との話題にのぼるようになります。

〈事例〉 3-6

お月さまと名残雪

（2歳２か月25日）

レイ「今日は，お月さま，でてないね」「雪がいっぱい降ってるね」。

父「もう春なのにね」。

レイ「寒いよねー」。

名残雪を見あげる父子でした。

〈事例〉 3-7

お山のうしろには何があるの？

（３歳３か月６日）

保育園からの帰り，車の窓から見える山を指さして，「あのお山のうしろには何があるの？」と聞いてきます。

父「山の後ろにも森が広がっていて，クマやキツネがいるよ」と言うと，レイ「くまさんと一緒に遊びたい」。

父「５歳になったら山登りに行ってみようか」，レイ「いいねぇ！」とよろこんでいました。

２歳から３歳にかけて，「今，ここ」の時間と空間を超えて広がる表象の世界はより具体的に，かつ自由に操作できるものになるようです。季節の移り変わりや「○歳になったら」ということばで「過去」「現在」「未来」という時間軸がつくられ，現前の知覚イメージから離れて，「今ここにないもの」との関係を現出させることができるようになります。

② 自分をつくるものがたり

発達心理学者のやまだようこは，『ものがたりの発生　私のめばえ』という著書のなかで，息子のゆうが２歳半のときに「もう赤ちゃんじゃない」「チー（姉）とおなじ」と言って，哺乳びんとおしめの使用を自分からやめたエピソードを取りあげています[24]。やまだの日誌的記録には，昼間に同年配の子ども仲間から「ゆうくん，赤ちゃんだねぇ，まだ哺乳びんで飲んでるの？」といわれたことが，プライドを傷つけ，よほど応えたのだろうと書かれています。それまでにも哺乳びんでミルクを飲まないといい出したことはあったようですが，実際に眠る間際になるとどうしても哺乳びんを止められなかったのに，「赤ちゃんじゃない」というものがたりによって，哺乳びんとおしめに自ら別れを告げることができたのだそうです。

子どもを取り巻く関係性の網は，織り糸の種類にも方向にも多様な可能性があり，ときに錯綜（さくそう）したりしながら，これまでに出会った人々と結び目をつくっています。その結び目は大切な他者と分かち合う世界の広がりであり，他者との「出会い」の如何によって個性的な「ものがたり」が織られていくと考えられます。本章の終わりに，あらためて，やまだの次のことばを引用して，次章につなげたいと思います。

> 人は，ものがたりで，自分をつくり，自分の行為をことばで制御することができるようになる。…（中略）…人は「自分は強い子だ」「自分や弱虫だ」「自分は＊＊ができる」「自分は＊＊がにがてだ」「自分は成功する」「自分は失敗するかもしれない」など，自分で自分に言い聞かせている自己ものがたりをもっている。はじめは他者から言われたことばや一回の経験だったかもしれないが，内言となり，自己のなかで繰り返し語り直されて，自分の個性をつくっていく。そのような自己ものがたりが，現実の自分を支え，未来の自分を形づくっていくのである[25]。

演習　振り返り

1．0歳～2歳ごろの子どもと大人との関わり，子ども同士の関わりを観察して，お互いにどのような感覚機能を働かせて（視覚・聴覚・触覚・味覚・嗅覚），相手から伝わる情報をどのように受け止め，相手に返しているか，具体的に記録してみましょう。

2．前の1をふまえて，人間と人間の「通じ合い」を促進する条件，抑制する条件について考え，グループで話し合ってみましょう。

【引用文献】

1）Stern, D.N. The First Relationship: Infant and Mother, With a New Introduction. Cambridge, MA: Harvard University Press. 2004.

2）Meltzoff, A. N. & Moore, M. K. Imitation of facial and manual gestures by human neonates. Science 198 (4312), 75-78, 1977.

3）岡本夏木（1982）『子どもとことば』, 岩波新書, p.26.

4）明和政子（2006）『心が芽ばえるとき―コミュニケーションの誕生と進化―』, NTT出版, pp.86-89.

5）岡本夏木, 前掲書３）, p.28.

6）ヴァスデヴィ・レディ, 佐伯胖訳（2015）『驚くべき乳幼児の心の世界―「二人称アプローチ」から見えてくること―』, ミネルヴァ書房, p.213.

7）根ケ山光一（2002）『発達行動学の視座―〈個〉の自立発達の人間科学的探究―』, 金子書房, p.50.

8）西條剛央・根ヶ山光一（2001）「母子の「抱き」における母親の抱き方と乳幼児の「抱かれ行動」の発達―「姿勢」との関連を中心に―」『小児保健研究』, 60巻１号, pp.82-90.

9）Rochat, P., Striano, T., & Blatt, L. Differential effects of happy, neutral, and sad still-faces on 2-, 4-, and 6-month-old infants. Infant and Child Development, 11(4), 289-303, 2002.

10）ヴァスデヴィ・レディ, 前掲書６）, p.173.

11）J・ボウルビイ, 黒田実郎・大羽蓁・岡田洋子・黒田聖一訳（1976）『母子関係の理論 Ⅰ愛着行動』, 岩崎学術出版社, p.284.

12）明和政子（2019）『ヒトの発達の謎を解く―胎児期から人類の未来まで―』, ちくま新書, pp.77-79.

13）J・ボウルビイ, 前掲書11）, p.441.

14）J・ボウルビイ, 前掲書11）, pp.445-446.

15）明和政子, 前掲書12）, pp.79-81.

16）明和政子, 前掲書12）, p.81.

17）吉野弘（1999）『吉野弘詩集』, 角川春樹事務所, p.68.

18）根ケ山光一（1997）「子どもの顔におけるかわいらしさの縦断的発達変化に関する研究」『人間科学研究』, 第10巻, pp.61-68.

19）やまだようこ（2010）『ことばの前のことば―うたうコミュニケーション―』, 新曜社, p.292.

20）やまだようこ（2019）『ことばのはじまり―意味と表象―』, 新曜社, p.225.

21）ワロン, 浜田寿美男訳（1983）『身体・自我・社会』, ミネルヴァ書房, p.31.

22）やまだようこ, 前掲書20）, p.277.

23）やまだようこ, 前掲書20）, p.278.

24）やまだようこ,『ものがたりの発生―私のめばえ―』, 新曜社, pp.291-293.

25）やまだようこ, 前掲書24）, p.293.

第4章

幼児期前期から幼児期後期の子どもの人間関係の発達

幼児期*[1]は，我々の文化で育つすべての人にとって重大な意味がある時期である。この時期，子どもたちは家庭を超えた社会的な世界に入っていき，仲間の共同体の一員として，首尾よくいくかどうかはそれぞれであるだろうが，自分というものを打ち立てていく。また，この時期に初めて，教育制度が課す課題に遭遇し，対処することになる。この時期が終わる頃には，子どもは社会的存在として，思考する人として，ことばを使う人としての自分自身に関する概念を形成しており，自分自身の能力と価値についてある重要な決断を下していることだろう[1)]。

上記は，イギリスの心理学者ドナルドソン（Donaldson, M. 1926-2020）らによる，幼児期の子どもの発達に関する著書の書き出しです。人間の限りある一生をマイルストーンが刻む○○期と呼ばれるような時期は，後に続く経験の土台になることを考えればどの時期にも豊かな意味の世界が広がっています。ただ，誕生後の数年間の子どもの旅は，我々の旅のはじまりがそうであるように，五感に届くあらゆることに心が活発に動く，特別な時期だといえるでしょう。そんな幼児期を生きる子どもが出会う一人の大人として，我々はどのように子どもと自らをつなぎ，互いの成熟を支え合えるでしょうか。

＊1　原文では「the period of life that stretches from around three to around eight years of age（3歳ごろから8歳ごろまでの期間）」と記されています。

3歳児の育ちと人との関わり

（1）幼児クラスへの進級，新入園　―「幼児になる」―

3歳未満を「未満児」，3歳～5歳を「以上児」と呼ぶ慣習があるほど，3歳は乳児から幼児への節目の年齢とされます。国が定める保育士／教諭の配置基準も大きく変わり，保育所の1・2歳児では子ども6人に1人以上の保育士が必要とされているものが，3歳児では20人に1人以上，幼稚園では1学級（原則35人以下）あたり専任教諭1人になります*2。現行の配置基準のもとでは，3歳以上の幼児は，ある程度自立して集団生活を送り，集団の活動のなかで成長していくことが期待されているといえます。ただし実際の保育の営みは，年齢に応じた社会文化的な期待・要請の文脈と一人ひとりの子どもの成熟・発達の文脈とが，タテ糸とヨコ糸のように交差しながらさまざまに織りなされていきます。3歳児クラスの保育者は，排泄や食の自立など生活の基盤が安定して，その子なりのペースで集団生活のルーティンになじんでいくことに気を配ります。

教育学者の塩崎美穂は，3歳児の発達の特徴について，「個人差も大きく，ひとくくりにして語ることはむずかしいですが」と前置きして次のようにまとめています。

> 3歳児クラスの前半期には，〈なんにでも興味津々だった2歳児〉が，3歳児クラスに進級あるいは入園し，まわりからの「いいね！」「すてきね！」という承認を得ながら，〈オレって，ワタシって，すごいでしょ！　と自信を感じる3歳〉に育っていきます。そして，〈自分に誇りを感じるイッチョマエな3歳児〉も，年度の後半には，ゆるやかに〈気づいて揺れて考える4歳児〉へと変化していくでしょう[2)]。

確かに3歳児は，モノや人，出来事との出会いを新鮮にキャッチして，おもしろいツボを発見していく達人です。そのおもしろがりかたも，夢中になる対象もいろいろですが，この時期，虚構のストーリーを友達と共有して（しばしばズレていたりしますが），共同で何かをしたりつくったりする遊びも展開するようになります。また，園のカリキュラムによっては縦割りの活動や行事などで異年齢の交流も増えます。互いに保育室をのぞき合ったりする姿もあり，3歳児は年長の子どもたちのダイナミック

＊2　日本の職員配置基準は先進国のなかでも群を抜いて低水準であり，それぞれの子どもと保育者の主体性が保障され，相互に対話しながら保育実践をつくっていくには，無論大幅な見直しが求められます。

な遊びの様子を見て憧れたり，優しくされたりしながら，人間関係と行動範囲を広げていきます。

（2）群れはじめる

筆者は，幼稚園の３歳児の保育室で次のような場面に遭遇したことがあります。自由な遊びの時間が終わり片づけを始めて間もなく，突然「○△☆×！　オー！」と威勢のいい声が響きました。振り向くと，積み木コーナーで３～４人が円陣を組んでいます。どうやらリードしているのはユウくん（仮名，以下同）で，間を置かず「○△☆×！　オー！」と大きな声を出します。「○△☆×！」の部分は聞き取れないのですが（おそらくユウくん以外はわかっていない様子），「オー！」ではタイミングよく声が合わさり盛りあがっています。掛け声のあとで積み木をカゴに入れたりしていますので，「お片づけがんばるぞ」というような感じでしょうか。ただ次第に片づけはそっちのけになり，少し移動してはまた声を出してと繰り返し，台風のように周囲を巻き込みながら参加人数を増やして動いていきます。そのエネルギーに圧倒されました。

この事例で興味深かったのは，活動の始まりから終わりまで誰も誰かを誘ったりしていないことです。チームスポーツなどの円陣のイメージをもっていた子どもは限られるだろうと思いますし，あとの子どもたちはとくに意識的なコントロールがない状態で仲間の動作をまねています。他者の動作がそのまま我々の運動性に訴えかけてくることがありますが，ここでは身体的活動の伝染が自然発生的な「群れ」を形成していました。

（3）集団の構造と儀式的やりとり

実は，先の事例には続きがあります。円陣の大きさが５～６人になったころ，リナちゃん（女児）が「ユウくんが入れてくれない」と，筆者に訴えてきました。円陣のメンバーに視線をやると，そのうちの一人タクヤくんが「ユウくんが，『遅い』って，『リナちゃんはダメ』って言った」と状況説明。続けて，タクヤくんは仲間のほうにも身体を向けて「ダメって言ったら，リナちゃん，悲しい顔してたよ。みんなでゴメンって言おう」と呼びかけました。タクヤくんの説得ですぐにヒナタくんが「ごめんね」と応じましたが，肝心のユウくんは素知らぬ顔です。リナちゃんは納得せず，ヒナタくんにもお決まりの「いいよ」でなく「ヤダ！」で返しました。「もうユウくんとは遊ばない！」と憤慨しています。この状況に，仲裁に入ったタクヤくんはちょっとオーバーに「やれやれお手あげ」という表情としぐさをするので，「君，ほんとうは何歳？」とツッコミそうになったところで集りの時間になりました。

よくある仲間入りのいざこざといえますが，集団の境界やメンバーシップに対する彼らの意識が気になって印象に残りました。筆者の見るかぎり，ユウくんがリナちゃんを積極的に排除しようとしていた気配はなく，実際にリナちゃんは円陣の1.5列目あたりで一緒に動いていました。リナちゃんは，なぜあのタイミングでユウくんの「いいよ」にこだわったのでしょうか。思い起こすのは，ユウくんがけん引するスピード感や「ノリ」は集団の外部との間にある種の境界を生じさせていて，その内部では円陣の号令係，動きや位置の調整係など役割の構造ができつつあったことです。後から加わろうとしていたリナちゃんは，参加の了解をユウくんたち中枢メンバーから明確に取りつけるとともに，彼らがどのように遊んでいるのか，そこにどう参加できるのかについて確認したかったのではないかと思います。

他方で，リナちゃんの訴えやタクヤくんたちの応答からは，「入れて（よせて）ルール」がいちおう共有されていて，普段それに則って集団遊びが営まれているらしいことがわかります。リナちゃんは，実態として円陣遊びに入れないことではなく，「入れて」といったのに「いいよ」と返されないことに怒っていたのでしょう。ユウくんが「遅い」といった真意ははっきりませんが，「早くやろうぜ」とでも言いたげな素振りでしたので，儀式的やりとりよりも円陣の勢いが大事だったのでしょうか。

「入れて」や「ごめんね」の儀式は，いざこざの予防や解決の手段として，２歳ごろから指導されるようです。「『いいよ』って言ってあげてやさしいね」「『ごめんね』って言えてえらいね」といった声かけによって，儀式的な会話ルールに則った言動が向社会的で思いやりのある行為として刷り込まれるように価値づけられます。ただそのような場面において，自動化されたことばのやりとりで表面的に折り合うことを教え込むことにならないよう注意が必要です。言わずもがなですが，気持ちがついてきていないのに「いいよ」を強いてしまうと，子どもが自他の気持ちと向き合うチャンスを奪うことになりかねません。

哲学者の鷲田清一が，「たがいに特定のことばを共有し，それによって同調しあうという閉じた社会から，それぞれが引きずっている異なった文化的背景の摺りあわせをきちんとおこなえる社会への移行が，この時代，求められているのだとおもう」と書いています[3)]。簡単には伝わらない寂しさや虚しさを抱えながら，共有できる部分を粘り強く見つけ出していこうとする対話の練習を，幼児期から少しずつ積み重ねていくことが重要ではないかと思います。

4歳児の育ちと人との関わり

（1）4歳児のプライド

「すごいね！」と声をかけられたときの反応が，2歳〜3歳児と4歳前後では異なるという調査結果があります[4)]。発達心理学者の加用文男（1951-2022）によれば，園の訪問者から突然「すごいね」と言われると2歳〜3歳児の多くが笑顔を見せたのに，4歳前後では「どうして？　何がすごいの？」と怪訝な表情で聞き返す子どもが増えたそうです。それらは保育現場で出会う3・4歳児の姿によく重なります。たとえば，3歳児の初期は，とくに根拠はなくても自分は有能なのだという高揚感を抱いていて，上手くいかないことがあっても一時的にがっかりしますがあまり引きずりません。一方，4歳前後では「すごさ」の理由が気になってきますし，自分が期待した結果にならないと傷つきます。要するにそれは，4歳児は自分自身の行動を評価するものさしをもちつつあるということであり，自分のなかのもう一人の自分が評価者としての存在感を高めているという，自我の育ちの表れでもあります。

（2）期待と現実の間で「揺れる」

4歳の後半になると，自分や仲間へのネガティブな評価が目立ったり，遊びへの参加を尻込みしたりということがあるようです。そんな「揺れ」「葛藤する」姿を実際の保育のなかに見ていきましょう。札幌ゆたか幼稚園の4歳児クラス担任田澤くる美先生が，ある女児の言動を気にかけながら「もっと気軽にさまざまなことに挑戦して自己発揮してほしい」と願いつつ記した事例の一部を紹介します。

〈事例〉 4-1

実践の振り返りから①――エピソードの背景

（４歳児クラス，11月）

２歳児クラスから幼稚園に通う杏は，真面目でしっかりとしているため，生活面で困ることは少ないが，集団遊びは見ていることが多く，明らかにやってみたいだろう遊び（ドレスづくりやダンスなど）も，数日間遠目に見てから自分のタイミングで「杏も」とようやくやってみる。

絵や製作が上手で，細部までこだわったとても素敵なものをつくるが，満足せずに隠してしまうことが多い。友達の絵を見て「あれ，○○に見えないよね」と言ったり，ノリノリで踊る友達を見て「あんなんじゃないよね」など。「違う」「できてない」と杏の目に映ってしまうのは，目が鋭いがゆえなのか。それはよさでもあるのだが，「楽しそう→やってみる」よりも「できる→楽しい・好き」が強く，自由な表現よりも朝の会などある程度枠のある活動のほうが安心して自分を解放していたようにみえた。失敗が苦手で「好き」「楽しい」「やってみたい」にブレーキがかかる。

杏には，具体的な生活場面でこうありたい理想が明確にあるようです。現実とのズレに痛々しいほど敏感なのがわかります。単に「できない」のではなく，「期待するようにできない」ことが不安なのかもしれません。担任の目には，多方面に活躍できる力をもちながら自分で自分をしばっているように映る杏。子どもが不安や心細さに苦しんでいるとき，保育者自身もそのことに耐えるのは簡単ではないと思いますが，田澤先生からは杏の心の状態を何とかして早く変化させようというような構えは強く感じられません。自分への期待と現実の間で杏は揺れ，杏を見つめる田澤先生もまた願いと現実の間で揺れます。

〈事例〉 4-2

実践の振り返りから②――エピソード

（４歳児クラス，11月）

数名でリレー遊びをしているところに，杏と奈々子と里依紗の３人が来た。「リレーやろう！」という奈々子と里依紗に，「やらない。見てる」と杏。気軽にやってみればいいのにと思いながら，杏の気持ちを受け入れた。

数日後，同じシチュエーション。さまざまな参加の仕方がある事を提案するも，

「待ってる」と少し離れたところから見ていた。やってみたら案外できるのに。しかし，杏に対しては，自分のタイミングでいつか必ずやるだろうという信頼があったし，今日無理に背中を押すのは逆効果な気がして，最後の確認を取るように離れたところから表情で会話をした。

田澤先生「どう？　本当にやらなくていいのー？」

杏　（やらないやらない）細かく首を横に振る。

まだ２回目だし，今じゃなくていいかと思い，ウンウンとうなずいた。すると…

杏　「あー，やっぱりやる！　やっぱりやる！」

田澤先生（え？　勢いで言ってみたって感じ？）

「やっぱりやめる」とすぐ引き返しそうな雰囲気も感じられ，気持ちが変わらないうちにすぐに始めた。ソワソワと身体を動かしながら同じチームの友達を見守る。「がんばれー!」と子どもたちの応援の声が響くなか，杏だけは（お願い…！）と願っているように見えた（失敗したくないの…，負けたくないから早く！）。

リレーの勝敗ではなく，杏自身の戦いのようなもの。今，杏にとっての失敗って，隣の友達に負けること，転ぶこと？　杏の番までに差が生まれたら，どうするんだろう。始まったゲームから引き返すことはもうないと信じたいけど…どうだろう。大丈夫，きっと楽しかったって思えるから，がんばれ…！

杏の番が近づき，すばやくスタンバイの場所へ移動する。ソワソワと心拍数があがっている。隣に並ぶ優斗を確認し，“私のほうが先に…！”と，すでに伸びきっている手を，より遠くに伸ばす。次は杏の番。あれ？　表情が少し変わったかも。（失敗したらどうしよう…けど，やるからには勝ちたい）。あ，覚悟だ。不安と覚悟の入り混じった表情。グラグラと揺れる気持ちのなかに，杏の強さが感じられ，胸が熱くなる。負けるな杏ちゃん…！　大丈夫。乗り越えたときに楽しかったって思えるはず。

ほぼ同時にバトンをもらい，走り出した。やってみてよかったって思ってほしい。どうか，転びませんように。笑顔の優斗と対照的に，真剣な表情の杏。ゴールを見つめる目からは，不安とあきらめない気持ちが伝わってくる。私としてはバトンが渡ればもう十分。でも杏は負けたくない様子だ。

次の友達へ，ほぼ同時にバトンが渡った。あー，よかった！　達成感であふれるかと思ったが，杏の表情は“安堵”の表情だった。

「揺れ」や「葛藤」は，４歳児の発達特徴としてしばしば言及されるものですが，ここでは，一人の子どものなかで実際にどのように経験されているのかが実況中継するようにつづられています。とくに表情での会話や心の声のくだりには，杏と田澤先生の関わりの機微が表れていて，相互に気持ちを通わせながらリレーに臨んでいることが伝わります。

いったんはいつものように「やらない，見てる」と言った杏のなかに，今回は自分も走ってみたいという気持ちが立ちあがっています。それには，前回，仲間たちがリレーで盛りあがるのをうらやましく見ていたことが作用したと推測できますが，それも含めて，先生と杏，仲間たちとの関係の蓄積があったからではないかと想像します。子どもの心の状態がどのようなものであれ，とにかく受け止めるということを繰り返してきたことが，先生への信頼と，一緒に遊ぶ場の安心感につながっていて，それが杏の「いま，ここ」の展開を下支えしていたのではないでしょうか。

「達成感であふれるかと思ったが，杏の表情は“安堵”の表情だった」という見取りも示唆深いと思います。リレーに参加して走り切ったという目に見える変化や達成以上に，自分を信じきれたことにほっとしたということでしょう。一般に４歳児の「やりたくない」「できない」には自己評価の低さがあるように思われがちですが，自分の得意分野での自信をもちつつあるからこその，プライドを傷つけたくない，大切にしたいという動機が働いているのかもしれません。そのような仮説に立つと，杏が絵や製作物の仕上がりに納得せず，友達のダンスに厳しい評価を下していたのも，高い目標にこだわることで，プライドを鼓舞するところがあったのではないかという解釈が浮かんできます。

田澤先生は，杏とともに「揺れ」「葛藤」するなかで深まった理解を次のように書いています。日々の実践をとおして子どもと保育者はともに育ち合っていることが読み取れるように思います。

実践の振り返りから③——考察

（４歳児クラス，11月）

これまで，杏が自分を発揮できておらず，もどかしいと思っていたが，もっているたくさんの力をもち寄せて，ちゃんと自分のために使えてると気がついた。自己発揮って，集団のなかで目立って輝くことだけではない。自分にとって必要なときにしっかりと力を振り絞れることだと感じた。…（中略）…杏にとって，“やってみる”って気軽ではなく，大きな一歩。あのわずかな時間で，不安と勇気を行ったり来たり何度も何度も心を揺らし，闘っていた。浮き出てくる不安に打ち勝てた経験をし，またひとつ，自分を信頼できるようになっていく。杏の安堵の表情から，そんな重みを感じた。

５歳児の育ちと人との関わり

（1）頼りになる，頼りにされる

長く読み継がれている絵本に『はじめてのおつかい』（筒井頼子作，林明子絵，福音館書店，1977年）があります。ママに頼まれて，百円玉を握りしめて牛乳を買いに行くのは，５歳になったみいちゃんでした。自転車のベルにおどろいたり，坂道で転んでお金を落としてしまったりと，みいちゃんにとっては大事件の連続ですが，最後の最後の裏表紙で，弟にミルクをあげているお母さんの膝に，絆創膏を貼ってもらった右足をちょこんとのせています。べったり抱きついていないところに大冒険をやり遂げた誇りを感じます。

今の時代，５歳児が一人で家から離れたところまで買い物に行くことは現実には多くなさそうですが，家庭や園で頼りになる存在になりつつあるのは確かでしょう。家では食事づくりのときに野菜を洗ったり皮を剝いたり，園では給食やおやつの配膳や午睡の準備など率先して「労働力」を提供してくれます。そのような労働は，あとに「作品」のような何かが残るわけではありませんが，少し大げさな言い方をすれば，生命を維持するための，いわば生物的で社会的な活動の循環のなかに自分自身を投入することです。５歳児は，仕事を任されて，周囲からの信頼や期待を受け取りながら自分の成長を感じます。また，労働への参加は責任を伴うために，作業への集中，努力の継続，勤勉性などが鍛えられることになります。

（2）チャレンジをやり遂げる

５歳児は空想主義・ロマン主義から脱し始め，現実主義・実用主義への指向をもつようになります[5)]。偶発的で衝動的な遊びがなくなるわけではありませんが，行動開始前に何らかの計画がある，意図的で持続的な遊びが顕著になります。以下は，ある男児のラーニングストーリー[*3]として記述されたものです。

〈事例〉 4-4

雪遊び，巨大滑り台をつくろう！

（5歳児クラス，2月）

おひさま組（年長組）で滑り台づくりをしたとき。みんなでつくった氷を並べても，押さえていないとズレていくのを見て，「わかった。水をかけて凍らせればいいんだ！」とひらめいたリョウくん。お友達と協力しながら，氷の隙間に雪を詰めて，何度もバケツの水を運んで来ては，氷の部分にかけて滑りやすいように工夫していました。次の日，作戦は大成功でツルツルの滑りやすい滑り台が完成したね。みんなで力を合わせて完成させられるのも，おひさま組だからだね！

日中も氷点下が続く北国の２月，年長児たちが園庭の築山の斜面に滑り台をつくろ

＊3　ニュージーランドで開発された保育アセスメント「ラーニングストーリー（Learning Stories）」は，ナラティブ（物語や語り）と写真で子どもの学びを記録し理解しようとするもので，世界各国の保育現場に導入されています。

うとしています。「氷のブロックでコースをつくろう」「氷は牛乳パックでつくれるんじゃない」と次々アイデアが出て，「すごいスピードがでるよ，ことりさん（年中組）やつぼみさん（年少組）を招待しよう」と張り切っていましたが，いざつくり始めてみると，斜面に並べた氷のブロックがズルズルと動いてしまいます。めいめいの試行錯誤が続くなか，リョウが水で雪を固めて氷を固定することを思いつき，協同で滑り台を完成させた場面です。

この事例では，５歳児たちによって，知的にも技術的にも高度な活動が展開しています。何をつくるかという事前の宣言や計画があり，その計画に向かって自己を専念・集中させて行為を持続する態度があります[6)]。上手くいかない事態に直面しても，経験知や技能を出し合い，問題解決を目指して協働しています。担任の報告によれば，数日に渡る活動の間，指示的な関わりはほとんどしておらず，「難しいねぇ」と一緒に汗を流しつつ，「いいかも」と相槌を打ったりしていたのだそうです。この時期の子どもたちは，途中で作業を中断した場合でも，計画を記憶保持して，あとで再開して完成させようとします。発達心理学者の矢野喜夫は，このような，遊びから生まれた自発的な課題意識および態度の発達は，小学校での課題学習場面への適応の前提であり，就学のレディネス（準備性）として，知的認知的能力の発達より，むしろ重要であると述べています[7)]。

さて，この事例では，年長児たちが個々の関心にもとづく実験的試みとグループのプロジェクトの両方に対して責任をもとうとしているように見えます。活動の過程では，個々の着想やひらめき，それに対する共感や労働力の提供が互いに呼び水となって，協同の活動が継続しています。それぞれが持ち味を発揮しながら協働的に関わることの楽しさを感じられる実践，それがシンプルに実現していると思います。

幼児期後期から児童期へ

（1）仲間とともに育つということ　―「協働的な学び」の基盤―

文部科学省は，目指すべき「令和の日本型学校教育」の姿を「全ての子供たちの可能性を引き出す，個別最適な学びと，協働的な学びの実現」であるとしています[8)]。誰しも願うところですが，実際には「個別」や「最適」といった概念の整理とともに，学びの成果をどのようにとらえるのかなど，理論と実践の両面からの検討が求められていると思います。緒として，ここであらためて人間関係の視座から，その子らしさが大事にされつつ，協働によってその子らしさと集団がともに伸びるような実践とはどのようなものか，そのヒントを探りたいと思います。第２節でも取りあげた札幌の幼稚園の，今度は５歳児クラスでの取り組みをやや長く紹介します。担任の雨山朋未先生が，劇づくりの活動を振り返るエピソードで取りあげたのは，落ち着きのなさや不安感の強さに保育者の注意が向きがちだったソウタでした。

〈事例〉 4-5

柴山ソウタ「自分への期待」

（５歳児クラス，11月）

この日は，発表会の劇の役ごとに分かれ，自分達の台詞に合う身振り手振りを考えてみることに。各々，自分で考えたり，同じ役の友達とアイデアを出し合ったりして少しずつ形になっていく。キリン役のソウタの台詞は“大魔王に捕まっちゃったんだ～！”。ソウタが自身の表現方法を決め切れていないことには気づいていたが，この日は介入せずに子どもたち同士のやりとりを見守ってみようと思っていたのであえて声をかけないことにした。ある程度経ち，みんなで見合う時間に。すると，ソウタのほうから「今日は手とか，つけなくていい？」と聞いてきたので，「うん，いいよ～！　今日考え始めたばっかりだしね！」と，決まっていないことを引け目に感じないようにライトな雰囲気で言葉を返してみた。また，この日は友達と表現を見合うことで，よさに気づいたり幅を広げたりおもしろさを見いだしたりとそれぞれの心に“なにか”が芽生えたらいいなあ……という願いもあったので，友達の姿を見て，ソウタに芽生える“なにか”に期待したいと思った。

キリンの出番の前に，同じ台詞を担当するアイ，リュウがおのおの自分で考えた身振りで台詞を表現。ソウタは笑顔でその様子を見ていた。そしていざソウタの番になると，「台詞だけでいい？」と，さっきと同じ確認。そこで，「ソウタくん，考え中なんだって。さっき同じ台詞だったお友達，どんな感じだったっけ？」とクラス全体に投げかけると，アイやリュウ，ほかの子どもたちからも応えが返ってくる。「ソウタくんもこんな感じにしてみる？」とあくまでもライトな雰囲気を醸し出すことを心がけながら問いかけてみたが，「今日はやらない」とソウタ。今この場で，友達のまねでも，なにか表現ができたらソウタの今後の表現もより広がるのではないか……そう思ってしてみた問いかけだったが，違った。「わかったよ！」と返し，台詞を言うソウタを見つめる。表情は明るいので，表現すること自体にマイナスな気持ちがあるわけではなさそうだ。

次の日，クラスみんなで輪になって座り，“お悩み相談会”をしてみることにした。劇についてのことであれば，相談の内容は何でもOK。わたしはソウタの隣に座った。「台詞覚えられるかな？」「自分で考えてみた手（身振り）はあるんだけど，ほかにいいのないかな？」と率直な相談が交わされるなか，ソウタが「台詞，どうやって言おうか決められない」と呟いた。よし来た……！　自分から言った……！　と内心ガッツポーズのわたし。「そうだよね？　悩むよね？」とソウタの表情を見ながら言葉を返す。すると，「こういうのは？」と友達がソウタに向けて提案。わたしは「そういうのもいいね！　助けてって伝わりそう！」と言いながら，ソウタはどう返すかな，と反応を待っていると，拍子抜けするほどあっさりと「いいかも。やってみる」との返事が聞こえた。そして，すっきりとした，晴ればれとした笑顔のソウタとばっちり目が合った。わたしも笑顔を返す。あ，今，ソウタのなかに“大丈夫そう！”が芽生えた！　交わした目線，笑顔からそう確信した。それ以降，毎回自信たっぷりに自分らしい表現を見せるソウタだった。

この実践で目指されているのは，所属する集団で期待される達成レベルに照らして，ほめたり競わせたりしながら，不足している力を補ったり引きあげることではなく，むしろ弱さを肯定して，支え合う関係性です。雨山先生は，一貫してソウタが負い目を感じないように心を配りながら，「友達と表現を見合うことで，よさに気づいたり幅を広げたりおもしろさを見いだしたりとそれぞれの心に“なにか”が芽生えたらいいなあ…」と，子ども同士の育ち合いを期待しながら関わっています。ソウタがお悩み相談会で自分の役づくりに踏み出していった過程を２つのポイントに絞ってたどってみます。

① 仲間の声に耳を傾ける，悩みを自ら語る

お悩み相談会で子どもたちは，仲間の話に耳を傾け，心配事や困り事を語り合っており，いわゆるピアグループのような関係になっています。ピアグループは，支援者

vs被支援者というヒエラルキーから離れて，共通の経験をもつ者同士が居合わせるなかで「言葉が触発し合う場」[9]であるといわれます。「自分から言った……！」と雨山先生をよろこばせた，ソウタ自身による悩みの語りは，苦労をともにしている人が真剣に聞いてくれて，理解してくれるという安心感に支えられて導かれたのではないかと考えられます。また，仲間の語りの聴き手となり，仲間の心配と向き合う過程を経たことで，体験を語る言葉や語り方が共有されて，自分の経験を語る準備ができたということも肝要であると思います。

② 仲間の提案を受け入れる，自分を表現する

苦労を共有する仲間同士の関係では，必然的に相手への気遣いが自分への気遣いになり得るという点を指摘しておきたいと思います。「こういうのは？」と聴いてくれる仲間の声は，本人を含め立場を同じくするメンバー全員に向けられたものであり，優位な立場にある他者からのアドバイスに較べて，自我脅威になりにくいと考えられます。

それと同時に，語り合いをとおして，それまで自信があるように見えていた仲間も実際には迷いや不安など複雑な思いを抱えているという，一人ひとりのなかにある多様性に触れたことも大きかったのではないでしょうか。人には見えていない部分があるのかもしれない，思っていたのとは違うかもしれないという可能性の余白を意識できたことが，新たな自分への期待につながったのではないかと想像します。新たな自己感というのは，存外そういう「かもしれない」を感じるところから現れてくるように思われます。

この事例は，「協働する」「助け合う」とはどういうことなのか，「ともに学ぶ」意味はどこにあるのか，という根本的な問いを我々に投げかけているように思えます。ソウタたちの姿から透けて見えてくるのは，仲間とともに学ぶことのよさというのは，その人らしさやそれぞれの事情が尊重されながら，自分とは異なる他者と関わり，人と人との違いという意味での多様性とともに，一人の人間のなかにある多様性とも出会い，それらを通じて人間同士の支え合いを経験するところにあるのではないかということです。ここでは劇づくりのお悩み相談会という具体的な状況を取りあげましたが，「人間らしさとは何か」「何のために協働するのか」といった普遍的な問いを問い直しつつ，仲間と支え合いながら個と集団がともに育つ実践を探究し続けることが求められていると思います。

演習　振り返り

1．人との関わりにおける発達に関して，望ましいとされる行動様式や態度は文化によって異なります。皆さんが，保育実践のなかでより重視したいのは，その子どもがもともともっている，その子らしい個性・よさを伸ばし充実させていくことでしょうか，それとも集団のなかで他者と交流し，つながることの心地よさを味わうことでしょうか。そのような皆さんの考え方のもとになっているのは，どのような経験や価値観でしょうか。グループで話し合ってみましょう。

【引用文献】

1）Donaldson, M., Grieve, R., & Pratt, C. Early childhood development and education. Oxford : Basil Blackwell, 1983, p.1.

2）塩崎美穂（2016）『子どもとつくる３歳児保育―イッチョマエ！が誇らしい―』, ひとなる書房, p.38.

3）鷲田清一（2019）『濃霧の中の方向感覚』, 晶文社, p.311.

4）加用文男（2002）「幼児のプライドに関する研究」『心理科学』, 第23巻第２号, pp.17-29.

5）矢野喜夫（2000）「５歳と６歳―円熟期と転換期―」岡本夏木・麻生武編著『年齢の心理学―０歳から６歳まで―』, ミネルヴァ書房, p.220.

6）矢野喜夫, 前掲書５）, p.221.

7）矢野喜夫, 前掲書５）, p.223.

8）文部科学省中央教育審議会（2021）「「令和の日本型学校教育」の構築を目指して～全ての子供たちの可能性を引き出す，個別最適な学びと，協働的な学びの実現～（答申）（中教審第228号）」, p.19.

9）村上靖彦（2021）『ケアとは何か―看護・福祉で大事なこと―』, 中央公論新社, p.30.

第III部

遊びのなかから生まれる人との関わり

第5章

遊びと人との関わり

人との関わりは乳児期から幼児期にかけて大きく変化します。乳児期に多く見られた「大人と関わる時間」が減り，「仲間と過ごす時間」が増えてきます[1)]。

社会性の発達の観点から子どもの遊びを分類したのが，アメリカの心理学者パーテン（Parten, M. D. 1902-1970）です。パーテンによると子ども同士の遊びのタイプは，「何もしない」（０～２か月），一人で遊んでいる「一人遊び」（０か月～２歳），仲間が遊んでいる様子を見ている「傍観的遊び」（２歳），お互いに近い間隔で遊びながらも別々に遊んでいる「平行遊び」（２歳以上），いっしょに遊んでいるが役割分担が明確にされていない「連合遊び」（３～４歳），いっしょに遊んでいて役割分担が明確でイメージが共有されている「共同遊び」（４歳以上）に分類されています[2)]。パーテンのこの分類にしたがえば，共同遊びへの発達は社会性の成長の目安とされています[3)]。

子どもは，いっしょに遊んでいる仲間とのなかで，心地よい関係や不快な関係，自分を出すことや仲間と協調していくことを学んでいきます。本章では，幼児期に多くなる遊びにおける仲間との関わりに焦点をあてて，子どもの発達と学びについて学びます。

1 仲間といっしょに遊ぶ楽しさ

おおむね２歳ごろになると，「子どもは，体を使って遊びながら様々な場面やモノへのイメージを膨らませ，そのイメージしたものを遊具などで見立てて遊ぶようになります。このように実際に目の前にはない場面や事物を頭の中でイメージして，遊具などで見立てるという象徴機能の発達は，言葉を習得していくこととたいへん重要な関わりがあります。」[4)]

「この時期には，友達や周囲の人への興味や関心が高まります。近くで他の子どもが玩具で遊んでいたり，大人と楽しそうにやり取りをしていたりすると，近づいて行こうとします。また，他の子どものしぐさや行動を真似たり，同じ玩具を欲しがったりします。特に，日常的に接している子ども同士では，同じことをして楽しむ関わりや，追いかけっこをする姿などが見られます。」[4)]

次の事例は，仲間といっしょに遊ぶ楽しさを経験している場面です。

〈事例〉 5-1

いっしょに遊ぶ楽しさを知る

（1歳児クラス，9月）

わかば保育園は，園内に園庭をもたない保育所です。そのため，1歳児クラスでも天気のよい日は保育園のそばにある公園に毎日のように出かけています。

今日もいつものように公園に出かけて，追いかけごっこをしていて遊んでいました。そこへ5歳児クラスのお兄さん，お姉さんたちがパラシュートをもって公園にやってきました。

1歳児のクラスのなかでも，ユウくん，リサちゃん，マイちゃんは月齢が高い子どもたちです。モノへの興味・関心が強く，すぐにパラシュートに近づきました。

ユウくんが「しゃかしゃか」だよ。リサちゃんは「赤・青・黄色……」と言いながらパラシュートを指し，マイちゃんは5歳児クラスに兄がいるので，いっしょにパラシュートを揺らしながら飛び跳ねていました。

1歳児クラスのほかの子どもたちも近寄りたいのですが，3人（ユウ・リサ・マイ）の様子を楽しそうに眺めていました。5歳児クラスの子どもたちが音楽をかけてパラシュートを使ってリズム遊びをスタートさせると，1歳児の子どもたちは少し離れたところに座り最初は見てみていましたが，だんだんと座っていられず身体が動き出し，その場で5歳児の子どもたちと同じような動きをしていました。それで十分満足していました。

ある日の午後，目覚めた後の出来事です。いつも早起きのユウくんとリサちゃんは，目覚めると毛布の端をもちあげたり下げたりして遊んでいました。ユウくんが「1，2，3～」とかけ声をかけると，リサちゃんは毛布を上にもちあげて「こんにちは～」と挨拶し，ユウくんの顔を見ました。そして，リサちゃんが「さげま～す」と声をかけると，ユウくんは毛布を下げるというシーンがありました。これは，5歳児クラスのパラシュート遊びを再現したもので，担任が実際に使用していた言葉です。

いつも目覚めが悪いマイちゃんは，布団の上でユウくんとリサちゃんが遊んでいる様子を見ていました。ユウくんが手招きすると，マイちゃんは目をこすりながらも，ユウくんとリサちゃんが遊んでいる毛布を掴みました。そのときユウくんが「1，2，3～」

と声をかけると，マイちゃんは「こんにちは」と言い，リサちゃんは「おはよー」と答えました。３人は笑いながら遊びました。

彼らの笑い声にほかの子どもたちも目を覚まし，次第に毛布のまわりに集まってきました。そして「１，２，３～」と言いながら毛布をもちあげたり，「こんにちは」と言いながら毛布を下げたりして，パラシュート遊びが始まりました。

ヨウコ先生はその様子を見て，１歳児クラス向けのカラーポリ袋でパラシュート遊びを準備することにしました。カラーポリ袋のパラシュート遊びは１歳児たちの間で大流行しました。子どもたちはパラシュートを周囲にもち歩いたり，高くあげたり低く下げたりしながら，「１，２，３～」「こんにちは～」と顔を合わせるだけで，とても楽しそうに遊んでいました。

この事例では，５歳児クラスの遊びを見たことがきっかけで毛布のパラシュート遊びが始まりました。５歳児クラスのお兄さんやお姉さんたちが行う遊びには参加できない１歳児のほかの子どもたちも，ユウくん，リサちゃん，マイちゃんという日常的にいっしょに過ごす仲間が始めた毛布のパラシュート遊びには安心して参加できたのでしょう。ほかの子どものしぐさや行動をまねしたりして，仲間といっしょに遊ぶ楽しさを経験することができました。

イメージの共有

表象とは，目の前に存在しないものやさまざまな物事を頭のなかでイメージとして思い浮かべる力を指します。ことばが発達するにつれて，表象機能も発達します。一方，象徴とは，別のものに置き換える力を指します。表1は，象徴遊びの発達段階を示しています。

● 表1　象徴遊びの発達段階

年齢	内容
1歳～2歳のころ	表象機能が獲得される
2歳のころ	人形など象徴遊びが積極的に行われる
3歳のころ	イメージや概念を使って代用することができるようになる
4歳前後のころ	ごっこ遊びの「うそ」を使って遊ぶことができる
5，6歳のころ	遊びに役割が生まれる。役割の分担や交代もスムーズになる
7，8歳のころ	抽象的なルールでも遊ぶようになる

（荒井庸子・荒木穂積〔2013〕「自閉症スペクトラム児における象徴機能と遊びの発達―ごっこ遊びから役割遊びへの発達過程の検討―」『立命館人間科学研究』，26, pp.47-62.）

2歳の終わりごろになると，「自分のしたいこと，して欲しいことを言葉で表出するようになっていきます。また，遊具などを実物に見立てたり，「……のつもり」になって「……のふり」を楽しみ，ままごとなどの簡単なごっこ遊びをするようになります。こうした遊びを繰り返し楽しみ，イメージを膨らませることにより象徴機能が発達し，積極的に言葉を使うようになります。また，遊びの中で言葉を使うことや言葉を交わすことの喜びを感じていきます。イメージが自由に行き交うことのおもしろさ，楽しさを味わいながら，身近な大人や子どもとのやり取りが増えていきます。」[5)]

遊びのなかで共有されるイメージは，実在するものではなく，仲間との間で理解されています。たとえば，「お店屋ごっこをしよう」「赤いブロックをリンゴにしよう」「○○ちゃんはお客さん」「ペットボトルのキャップはお金」といったことは，仲間との間で共有されます。共有するためには，仲間との話し合いが必要であり，同じことを考えてイメージが共有される場合もありますが，大部分は「……でいい？」「○○を……にしようか」といった形で，お互いに話し合って確認します。このようにしてイメージは共有されていくのです。

次の事例は仲間入りのためにイメージの共有がなされている場面です。

遊びのイメージを共有する

（５歳児クラス，10月）

スミレちゃん，ミサキちゃん，ユズキちゃんは，大型ブロックでお城のようなものをつくり始め，プリンセスごっこをしようとしていました。スミレちゃんが運動会で使用したチュールのスカートを見つけると，３人とも色の違うスカートを着て，ユズキちゃんがオモチャのブロック（wammy）*でティアラづくりを始めました。すると，「私も……」とスミレちゃんとミサキちゃんの２人もティアラづくりに夢中になっていました。そこに，カリンちゃんがやってきました。カリンちゃんが「何やってるの？　私も入れて」と言うと，スミレちゃんが「このお城はプリンセスの集まりなの。カリンちゃんはプリンセスじゃないから，入れないの。だって，スミレはオーロラ姫，ミサキちゃんはアリエル，ユズキちゃんはベルなんだよ」と自分たちが好きなプリンセスの名前を伝えました。

カリンちゃんが保育者のもとにやってきて，「先生，私，エルサになりたいの」と伝えました。保育者は「エルサになるためには，何が必要なのかな？」と聞きました。カリンちゃんは「うーん，長い髪の三つ編みと……キラキラのかばん，あとティアラ。でも，できない」と悲しそうな顔で答えました。

保育者はカリンちゃんといっしょにオモチャのブロックのコーナーに行き，「ティアラ」と「かばん」のつくり方のヒントを伝えました。そしてカリンちゃんは，オモチャのブロックを使って，ティアラとかばんづくりに没頭している間に，保育者はすずらんテープを準備しておきました。保育者はカリンちゃんに片方をテープで止めること，交互にテープを編み込むことで三つ編みができることを伝えました。

カリンちゃんはすぐに三つ編みのつくり方を覚えて，完成した三つ編みを自分の髪のヘアゴムで留めました。再び，カリンちゃんはスミレちゃん，ミサキちゃん，ユズキちゃんのもとに行き，「私はエルサよ。お城に入れてください」と言いました。３人は「いいよ」と言いながら，カリンちゃんの三つ編みを触りながら，うらやましそうにしていました。

その後，カリンちゃんが３人に三つ編みのつくり方を教え，４人でのプリンセスごっこが続きました。翌朝，４人は自宅にもち帰った三つ編みをつけて登園してきました。

カリンちゃんはプリンセスごっこに仲間入りしたくて，遊んでいる子どもたち（ス

＊　事例中のブロック（wammy）とは，幼児向けの玩具キットであり，柔らかいブロックを曲げたりとおしたりつなげたりすることができるものを指しています。

ミレ，ミサキ，ユズキ）のプリンセス役を傍観しながら確認したり情報を収集したりして，遊びのイメージを共有しようとしていました。彼女は保育者になりたい役のイメージをことばで伝え，自分が「エルサ」となるためにティアラとかばんをつくり，ほかの３人がうらやましがった長い髪の三つ編みを準備していたことで，遊びにスムーズに参加することができました。

子どもたちが遊んでいると，さまざまな要素がイメージとして共有されていきます。共有されるものは年齢が進むにつれて，より具体的で細かくなっていきます。共有されるものが増えると，子どもたちの関係性が強まり，お互いに近く親しい存在となり，遊びはより一層複雑に展開されていきます。

仲間との出会い

厚生労働省によれば，保育所等の利用率は全年齢平均で50.9％と，就学前児童数の過半数を占めています。とくに３歳以上の児童の割合は57.5％と高くなっています。これにより３歳という時期は，多くの子どもが幼稚園や保育所などの保育施設に通っている時期といえます[6)]。

子どもたちは，保育施設などで多くの仲間と出会います。ここでいう「仲間」とは，年齢や立場などがほぼ同じである者を指し，子どもたちは遊びを通じてこの「仲間」とともに多くのことを学んでいます。

〈事例〉 5-3

仲間との関わり

（４歳児クラス，６月）

ヒカルくん，ダイチくんの２人は井形ブロックを使って電車のレールや駅，トンネルをつくっています。彼らは井形ブロックの置き場からさまざまな形のブロックを組み合わせて，駅やトンネルを少しずつ完成させています。シンジくんは近くでそれを見ながら，彼らの遊びを横目に自分も井形ブロック置き場のブロックを取り，長いレールやトンネル，電車をつくりあげていました。しかし，井形ブロック置き場のブロックがなくなってしまい，困ったダイチくんがシンジくんのもとにやってきました。

「これ，貸して」とダイチくんは言いました。シンジくんは「いいよ」とこころよく応じました。

ダイチくんはシンジくんがつなげていた井形ブロックのレールを半分切り離してもっていきました。その後，シンジくんはしばらく井形ブロックの行方を見守った後，２人の遊んでいる場所に近づいていき，残りのつなげたレールとトンネル，電車を置いていきました。ヒカルくんがそれに気づきました。

「これ，つなげていいの？」とヒカルくんは言いました。シンジくんとヒカルくんは顔を合わせてニッコリと微笑みました。

松井らは，集団生活に入った３歳児の仲間との相互作用について，幼稚園における自由遊び場面を調査しました。それによれば３歳児の１，２学期には，仲間の模倣が多く見られ，仲間との相互作用よりも，仲間といっしょに同じようなことをしながら過ごすことが多いと報告されています。３学期に入ると，仲間の遊びに関連した行動を取りながら，相手の遊びに参加する働きかけが増えるとされています[7)]。

子どもたちは保育施設でいっしょに過ごすなかで，仲間の遊びを見極め，それに合わせた働きかけを徐々に行えるようになっていきます。

仲間入りをめぐる人との関わり

（５歳児クラス，９月）

マミちゃんとユキナちゃんは，犬のぬいぐるみをオモチャ箱から探し，ブロックで家をつくり始めました。家のなかには２脚の椅子を背合わせにしてものがあり，「犬が寝る場所」と２人で決めていました。

そこにエミちゃんがやってきました。「何しているの？　私もいっしょに遊びたい」と声をかけましたが，２人は「この家には２人しか入れません」と言って仲間に入れようとしませんでした。

エミちゃんは保育者に入れてもらえないことを訴えました。保育者は３人のやり取りを見ていたので，「もう少し大きな家にすれば？」と声をかけてみましたが，マミちゃんとユキナちゃんは「もう家は大きくできない」と答えました。

そこで，保育者は「お世話をする人はいらないの？　お散歩する人とか」と提案してみました。すると傍にいたエミちゃんがフラフープをもってきました。保育者が「エミちゃん，これは何？」と聞くと，エミちゃんは「お散歩用の庭だよ。ドッグラン！」と言ってすぐにその場を去りました。

マミちゃんとユキナちゃんは犬を抱っこしながら，「お散歩に行きましょうね」と話しかけると，エミちゃんに向かって「お散歩係さん，お願いできますか？」と言って，ブロックでつくった玄関を開閉し，エミちゃんにそれぞれの犬を預けました。そして，マミちゃんは「私はワンちゃんのご飯づくりをしなきゃ」と言いました。ユキナちゃんは「お散歩の後はシャワーね。準備します」と言いました。３人のワンちゃんのお世話ごっこは続きました。

事例では，エミちゃんが仲間に入りたいと願ったけれども，マミちゃんとユキナちゃんから「この家には２人しか入れません」と拒否されました。エミちゃんは悲しい気持ちになり，保育者に助けを求めましたが，マミちゃんとユキナちゃんは保育者の提案も受け入れませんでした。子どもにとって仲間に入れてもらえないことは辛い経験です。しかし，マミちゃんやユキナちゃんが拒否する理由には，これまでエミちゃんと遊んで嫌な思いをした経験があるかもしれません。エミちゃんにとって仲間から拒否されることは悲しい経験ですが，その経験を将来の仲間との関わりに生かすことが重要です。

集団で遊ぶようになると，一部の人を排除することで自分たちのグループの結束を強めようとする態度をとることがあります。自ら意思で仲間を拒否または追加することは，「効力感」を得る経験になりますが，拒否された子どもの感情に気づく必要があります。保育者は，両者が自分自身と相手の気持ちに気づけるように支援し，関わっていくことが求められます。

藤田は，２～６歳児を対象に仲間入り場面（相手の活動に参加する場面）と仲間入れ場面（自分の遊びに相手を誘い入れる場面や新しい活動への参加を促す場面）についての調査研究を行い，子どもたちが使用する仲間入り場面と仲間入れ場面を以下の６つの方略に分類しました（表2）[8)]。

● 表２　仲間入りの過程

方略	
明示	仲間に入りたい意志や仲間を入れたい意思を言語的に伝える
暗黙	相手の活動に関連した行動で暗黙的に参加したり，自分の活動を示すことで自分に注意をひきつけたり，間接的な言い回しで遊びの事柄に触れたりする
模倣・追従	相手の行動を模倣したり，相手について行ったりする
質問	「なにしてるの？」などと相手のしていることについて質問して説明を求める
呼びかけ	相手の名前を読んだり，挨拶をしたりするが，それ以上のことは言わない
攻撃	たたいたり，無理やりひっぱったりして仲間に入ろうとする

（藤田文〔2016〕「幼児の仲間との相互作用のきっかけ―仲間入りと仲間入れに着目して―」『大分県立芸術短期大学紀要』，53, p.45-58.. より作成）

２～６歳の子どもたちの園での遊び場面を観察した結果，仲間入りと仲間入れの両方でもっとも多くの「暗黙」方略が観察されました。仲間入りの方略の例としては，相手の遊びにだまって参加することや，ごっこ遊びをしている場所に行って自分の役割をつくり出して参加するなどがありました。一方，仲間入れの方略の例としては，自分が遊んでいることを相手にアピールし，「私，こんなことできるよ」と自分の遊びに相手の注意を引くことが観察されました。また，２番目に多かった仲間入りでは「模倣・追従」方略が，仲間入れでは「呼びかけ」方略が頻繁に観察されました。さらに成功率と失敗率の分析によると，仲間入りでは「質問」「明示」「模倣・追従」方略が高い成功率を示し，仲間入れでは「質問」「暗黙」方略の成功率が高かったのです。これらの結果から，仲間入りや仲間入れの際には，明示と暗黙の中間となる「質問」方略が相互関係の構築に有効であることが示唆されました[8)]。

事例では，エミちゃんが仲間入りしたいという意思表示や質問をしたにも関わらず，断られました。しかし，遊んでいる二人の様子から，そっとドッグラン用のフープを用意するという行動（暗黙の合図）により，仲間入りができたと考えられます。

子どもたちは年長になるにつれて，仲間といっしょに遊ぶことを望み，そのなかで想像力がからみ合い，お互いのさまざまな側面を理解しながら，役割を果たしたり工夫したりしています。このような仲間との関わりをもつことで得られる楽しさや充実感を味わいながら，子どもたちは成長していく姿が見られます。

4 異年齢の子どもの関わりで育つもの

幼稚園や保育所などでは，異なる年齢の子どもたちを同じクラスで保育する場合があり，異年齢保育や縦割り保育と呼ばれています。異年齢の関係は，子どもたちにとって同年齢の関係とは異なる意味をもっています。たとえば，年長児と年中児，年少児との関係には，「あこがれ―あこがれられる関係」が存在します[9)]。保育者は異年齢保育の場面で，年少児と年長児（あお組）がいる場合に，「さすが，あお組さん」「あお組さんらしく」ということばを繰り返し使用することで，年長児は上級者らしい振る舞いをするようになり，年少児は「ああなりたい」という気持ちが芽生えてきます。

また，遊びの場面では，年少児が年長児の遊びに参加しようとすることもありますが，発達段階の差（たとえば，遊びのルールなど）からいっしょに遊ぶことが難しい場合もあります。しかし，年長児が年少児の立場に立って遊び方を考えることで，いっしょに遊ぶことが可能になります。年長児同士の遊びで自信を失っていた子どもが，年少児と遊び，自分がリーダーとなって遊ぶ経験をすることで，自信が芽生えることがあります。

〈事例〉 5-5

小さい子をいたわる気持ち

（異年齢クラス，10月）

おおぞら保育園では，土曜日の保育は１～５歳の子どもたちが合同保育でいっしょに過ごしています。１歳になったばかりのマコトくんは，いろいろなものに興味があり，おもしろそうなものがあるとわき目もふらずに走り出してしまいます。３歳３か月のリョウヘイくんは反抗期の真っ最中で，お家の人や保育者が何を言っても「いやだ」と言っています。そんな２人が，３歳児クラスのきいろ組でいっしょに遊んでいます。保育者はどうなるのかなと，２人の様子を見ています。

リョウヘイくんが使っていたミニカーをマコトくんが触ったりすると，最初はいい顔をしませんでしたが，とくに「いやだ」と抵抗することもなく使うことを許していました。同年齢のクラスの子と遊ぶときには，抵抗したり，貸さなかったりすることもありますが，年下のマコトくんに対してはそのようなことはせずに，やさしく接しています。違う車種のミニカーを貸したり，いっしょに並べたり，マコトくんが危ないことをしようとすると守ったり，保育者にマコトくんの危険を伝えたりしていました。

リョウヘイくんがマコトくんに示したような年上の子が年下の子に見せるいたわりは「養護性」と呼ばれ，やさしさや思いやりと関連する発達の重要な側面の一つです。あかちゃんの泣き声を聴いて，「どうしたのかな」「大丈夫かな」と気遣うことや花に水をやること，困っている友達がいたら助けてあげること，これらも養護性の表れといえます。

この事例のように，リョウヘイくんが年下のマコトくんにおもちゃを貸してあげたり，いっしょに遊んであげたり，危ないことから守ろうとしたりしたことは養護行動です。小嶋らは，幼児・児童の養護性の発達についての研究を報告しています。養護行動を多く示す子どもは，ほかの行動（スポーツ，友人と遊ぶ，学習，家事）も多く示す子どもであったと報告しています[10]。幼児期に養護行動を経験することは，「養護性」の形成にプラスに働くと考えられています。

〈事例〉 5-6

お兄ちゃんとしてのアドバイス

（5歳児クラス，7月）

ひばりが丘保育園では，年長児（5歳）たちはカメを飼っています。保育者といっしょにお世話係が水槽の水をきれいにしたり，餌を与えたりする役割を果たしています。

5歳児のレンくんは，自宅でもカメを飼育しているため，保育園にあるカメの図鑑をよく読んでいます。そのため，カメのことについて詳しく知っているのです。実際にカメ図鑑をつくるほど興味をもっています。

ある日，4歳児のハルトくんが5歳児の部屋にやってきました。「わぁー，カメだ。名前がついているの？」とハルトくんは大きな声でカメに話しかけました。この光景を見ていたレンくんは，「しっー，カメがおどろいてしまうよ。カメはそっと見るのがいいんだよ」とそっと教えました。

そして，レンくんはハルトくんに，カメに与える餌のことや健康を保つために日光浴が欠かせないこと，水中での過ごし方などを話しました。ハルトくんにとっては，はじめて聞く情報ばかりで，真剣な表情で熱心に聞き入っていました。

それ以降，ハルトくんはほぼ毎日レンくんのもとに遊びにくるようになりました。カメの話が終わると，レンくんはいつも自信に満ちあふれた表情を見せていました。彼らの交流は日々深まっていきました。

レンくんは，日ごろから友達と園庭で遊ぶよりも一人でカメの図鑑を見たり，オリジナルのカメ図鑑を作成したり，保育者といっしょにカメのお世話係をすることが多く，同じクラスの子どもたちもあまりレンくんとは遊ぼうとしません。

そんなときに，大切にしているカメに関心をもってきたハルトくんの行動は，レンくんにとってうれしかったに違いありません。4歳児のハルトくんにとっては，カメを見たことで興奮し，思わず大きな声を出してしまいましたが，そんなハルトくんにやさしくカメとの関わり方を伝えていました。

保育者はクラスの友達となかなか遊ばないレンくんの様子を心配していました。しかし，ハルトくんがカメのことを聞くためにクラスに遊びにくるようになり，レンくんの笑顔をよく見ることができるようになりました。

この事例のように同年齢の子どもたちとはあまり遊ばない（遊べない）レンくんですが，異年齢の子ども（年下）に自分がリーダーになって遊べたことで，自信を取り戻すことができました。

演習　振り返り

1．子ども同士が遊ぶことで培われる可能性のあるさまざまな力について，事例をもとに考えてみましょう。

●事例5-1　いっしょに遊ぶ楽しさを知る

○　ユウくんが毛布をもちあげると，リサちゃんとマイちゃんがパラシュート遊びを再現し，３人で楽しく遊んでいる様子が描かれています。この場面から，遊びをとおして子ども同士のなかに育つ力について考えてみましょう。

○　担任のヨウコ先生が１歳児用のパシュートを用意しました。このような保育者の働きかけによって，子どもたちはどのような力を育むかを考えてみましょう。

●事例5-2　遊びのイメージを共有する

○　子どもたちがプリンセスごっこをしている場面から，遊びをとおして子ども同士が育む想像力や創造力について考えてみましょう。

●事例5-4　仲間入りめぐる人との関わり

○　保育者の提案に対し，子どもたちがどのように対応し，どのような力を発揮しているかを考えてみましょう。

○　子どもたちの役割分担や責任感について，この遊びをとおしてどのような成長が期待できるかを考えてみましょう。

●事例5-6　お兄ちゃんとしてのアドバイス

○　レンくんがハルトくんに対して教える役割を果たすことで，レンくんにどのような影響があったかを考えてみましょう。

【引用文献】

1）Ellis, S., Rogoff, B., & Cromer, C. C. (1981) Age segregation in children's social interactions. Developmental Psychology, 17(4), 399-407.

2）Parten, M. B. (1932) Social participation among preschool children. Journal of Abnormal and Social Psychology, 27, 243-269.

3）戸次佳子（2014）「子どもの「ひとり遊び」の発達的意義—自我の発達との関連において—」『子ども学研究紀要』, 第２号, pp.47-53.

4）厚生労働省（2008）『保育所保育指針解説』, フレーベル館, p.44.

5）厚生労働省, 前掲書４）, p.45.

6）厚生労働省（2022）「保育所等関連状況取りまとめ（令和４年４月１日）」.

7）松井愛奈・無藤隆・門山睦（2001）「幼児の仲間との相互作用のきっかけ—幼稚園における自由遊びの場面の検討—」『発達心理学研究』, 12, pp.198-205.

8）藤田文（2016）「幼児の仲間との相互作用のきっかけ—仲間入りと仲間入れに着目し

て―」『大分県立芸術文化短期大学紀要』, 53, pp.45-58.
9）結城恵（1998）『幼稚園で子どもはどう育つか―集団教育のエスノグラフィー―』, 有信堂高文社, pp.98-99.
10）小嶋秀夫・河合優年（1987）「幼児・児童における養護性発達に関する心理・生態学的研究（昭和62年度科学研究費補助金（一般研究C）研究成果報告）」.

【参考文献】

・荒井庸子・荒木穂積（2013）「自閉症スペクトラム児における象徴機能と遊びの発達―ごっこ遊びから役割遊びへの発達過程の検討―」『立命館人間科学研究』, 26, pp.47-62.
・岩立京子・西坂小百合編著（2021）『保育内容　人間関係』, 光生館.
・岡本依子・菅野幸恵・塚田 - 城みちる（2004）『エピソードで学ぶ乳幼児の発達心理学―関係のなかでそだつ子どもたち―』, 新曜社.
・清水益治・森敏昭編著（2013）『０～12歳児の発達と学び』, 北大路書房.
・高橋一公・中村佳子編著（2014）『生涯発達心理学15講』, 北大路書房.

第6章 道徳性の芽生え

人間は，他者とともに生きていく社会的存在です。社会には，さまざまな価値観をもった人々が集団を構成しています。その社会のなかで人々が共通にもっている価値観を受け入れつつ，自分の欲求や行動を調整し実現していくことが求められてきます。

子どもは成長するにしたがって，いろいろな人との関わりをもつようになります。幼稚園や保育所などの集団生活の場では，友達と気持ちよく生活をしていくために必要な行動の仕方を身につけていきます。そのなかで「よいこと，悪いこと」を自分で判断し行動できるようにしていくことが大切です。

本章では，乳幼児期の道徳性の芽生えについて学びます。乳幼児期の道徳性とは，どのようなことなのでしょうか？　発達を理解し，事例をとおして道徳性の芽生えを考察し，どのような援助，指導をしたらよいのか考えていきます。

1 乳幼児期の道徳性の基盤とその発達

（1）乳児期の道徳性の芽生え

乳児期の道徳性は，どのように芽生えていくのでしょうか。乳児から幼児期にいたる道徳性の発達についてみていきましょう。

> 乳児は，限られた形ではあるが，泣いたり笑ったりして自分の身に生じている快・不快の状態を養育者に伝えたり，養育者の動きに合わせて対応したりすることができる。乳児は養育者とのやり取りを通して，徐々に養育者に合わせて一緒に生活していく感覚をもつようになり，その生活リズムを身に付けていく。それ

は意識的になされるわけではないが，後にいろいろな人々と社会生活を行う上で必要なルールに合う行動をとることにつながっている。また，他者の感情に対する感受性も早くから見られ，乳児であっても養育者と同じ表情をする等，養育者の感情表現の違いに応じることができる。そして，養育者との様々な交流によって心のつながりができ，そのつながりを維持したいという気持ちや，そのために自分の感情や動作を相手に合せようとする気持ちをもつようになっていく。乳児の感情や動作に養育者が応えることは，乳児にとっても自分の感情や動作が抑制できることの経験となる。このことは，のちに自分で自分の感情や動作を調整することにつながっていく[1)]。

道徳性の発達は，乳幼児期から培われている他者への興味・関心や他者に合せようとする基本的な信頼関係に始まり，やがて他者への共感性を豊かにしながら，自分とは違う他者を意識するようになり，自他両方の視点を考えて，自分の欲求や行動などを調整できるようになる過程を経て達成されていくといえる[2)]。

このように乳児期から道徳性の基盤は培われており，養育者・保育者の応答がとても重要になってきます。幼児期になると生活が広がり，人との関わりも増えていきます。そのなかで自分と他者との違いに気づいていきます。幼稚園や保育所などの集団生活の場では守らなければいけない生活のルールに出会っていきます。

（2）他律的道徳性と自律的道徳性

幼児期の道徳性は「お母さんが言っていたから」「先生に怒られるから」など信頼する大人のいうことが基準となり判断し，したがうことが多く見られます。それは自分自身で問題を考えるとき，信頼のある大人の行動や言動が正しいと考える傾向があるからです。これを「他律的道徳性」といい，幼児期は他律的な道徳性をもつ時期といえます。しかし，子どもの行動を見てみると，遊んでいて友達のおもちゃを取ってしまったときに，相手が泣いている姿を見て気まずそうな表情をしてそっと返したり，転んで泣いている子どもに寄り添い声をかけて先生のところに連れていったり，自分で考えて行動している姿も見られます。これらの自分の行った行動が，相手にどのように受け止められたかにより，自分の行動がよいことなのか，悪いことなのかに気づいていきます。このような姿からは，「自律的道徳性」が芽生えていると思われます。

〈事例〉 6-1

エマちゃんが痛がっているよ

（2年保育4歳児クラス，5月）

入園して1か月が過ぎ，子どもたちも幼稚園の生活に慣れてきました。エマちゃんは，いつも集まりのときにいないことが多く保育者が探しまわり，ほかの子どもたちはエマちゃんが来るまでいつも待っています。ある日の片づけが終わったとき，「先生，みんなが捕まえる」と言ってエマちゃんが大きな声をあげていました。保育者が見に行くと，クラスの子どもたちが逃げようとするエマちゃんを取り囲んでいます。

「どうしたの」と保育者が聞くと，「お集まりにいなくなるといけないから」「先生，困るでしょう」とまわりの子どもたちがエマちゃんを囲んで押さえていました。「エマちゃん，痛そうだから離してあげて」と保育者が言うと，「何で？」「いなくなっちゃうよ！」と子どもたち。保育者のことばに不満気な様子でした。

この事例では，ほとんどの子どもたちは片づけの後は集まり保育室に座って待つことができるようになっています。これは生活の流れがわかり，ルールを守っている姿ととらえられます。しかし，エマちゃんは遊びを続けていたかったり，すぐに集まることが苦手だったり，いつも保育者が連れてくることが続いていました。この様子を

クラスの子どもたちは,「エマちゃんはルールを守れない存在」と認識しています。また,保育者がエマちゃんを探している姿を見て,「大好きな先生が困っている」ととらえています。

このように片づけの後は座って待つことは生活のルールであり,ルールを守っている姿は保育者から指導された他律的な道徳性によって判断されています。エマちゃんを捕まえて押さえていたことは,大好きな先生が困らないように集まりのときは座るというルールを守るようにと自分たちで考えて取った行動といえるでしょう。これは自律的な道徳性といえます。

ただ,子どもたちは保育者のため,ルールを守ろうとしてとった行動を保育者から「エマちゃんが痛がっているよ」と否定的にとられてしまい納得いかなかったと考えられます。「なぜ？　よいことをしているのに」という気持ちがあったのでしょう。

ここでは,保育者はエマちゃんが嫌がっていることを伝えて行動を止めたうえで,そのような行動をしたクラスの子どもたちの思いを受け止めます。エマちゃんには,なぜ,みんなが取り囲んだかを説明していくようにします。エマちゃん自身も自分が集まらないと,みんなを待たせてしまうことに気づいていくことが必要になるでしょう。集まることが苦手なエマちゃんについて保育者も理解を深め,指導方法を考えて適切な援助をしていくことが大切になるでしょう。

このように道徳性の芽生えとは,相手の気持ちを理解することが基本になります。そのために保育者は,子どもたちのお互いの思いを伝えていくことが必要になります。

(3) 相互的な影響関係

子どもたちの相互的な影響関係とは,どのようなことでしょう。

> 幼稚園や保育所などで生活するということは,自分以外の他者を常に意識し,他者に影響されるということである。つまり,幼児は友達に影響されながら,逆に自分が友達に影響を与えるという相互的な影響関係の中に常にいるのである。この相互的な影響関係の中で,幼児は自分が友達にされてうれしい体験や悔しい体験,逆に自分が友達を喜ばせたり悲しませたりした体験をする[3)]。

このように生活や遊びをとおして人と多く関わりをもつことにより,子どもは自己の視野を広げていきます。また,他者を理解するとともに他者にどのように思われているかも自己の理解にもつながっていきます。自己を理解するということは,自分自身の行動も振り返ることができるようになるということです。集団の生活のなかでどのように行動したらよいか,自分の欲求や行動をどのように調整していくかなど,他者とともによりよい未来をつくっていく道徳性の芽生えが培われていきます。

〈事例〉 6-2

スリッパをきちんと並べよう

（２年保育４歳児クラス，11月）

Ａ幼稚園では，保育室内にトイレがあり，トイレに入るときはスリッパに履き替えることになっています。ある日，ヒマリちゃんがトイレに入ろうとしたら間に合わず入口のところで漏らしてしまい泣いていました。

降園時の集会で保育者は，「今日ね，ヒマリちゃんがトイレに間に合わず，とても悲しい思いをしました。どうして間に合わなかったと思う」と子どもたちに問いかけました。「遊んでいてトイレに行くの遅くなったのかな」「ギリギリまで，いかなかったんじゃない」「スリッパがバラバラだったよ」など，子どもたちは口々に考えを出していました。

保育者は，「ヒマリちゃん，どうして間に合わなかったの」と聞くと，「スリッパ，すぐに履けなかった」と小さな声で言いました。「私もこの前，大変だった」「遠くにあったよ」など，自分たちの経験を思い出す姿も見られました。するとヨウヘイくんが「スリッパ，きちんと並べれば」，ユウくんは「すぐに履けるようにこっちに向けたら」と思い思いにアイデアをだしていました。保育者は，子どもたちの考えを受け止め，次の日スリッパの置き場がわかるような環境をつくりました。

この事例で保育者は，ヒマリちゃんの出来事を，ヒマリちゃんだけの問題ではないと考え，子どもたちに伝えています。クラスの友達が気持ちよく生活できるためには，どのようにしたらよいか気づいてほしいと願いました。

幼稚園の生活は集団生活の場です。自分だけが生活しているのではありません。相互的な影響関係にいるということに気づくようにしています。これまではスリッパを揃えなかった子どもも自分の行動に気がつくことでしょう。自分たちの生活に必要なルールを自分たちで考えていけるようにすることが，将来社会の一員として他者とともに，よりよく生きていくための知恵を生み出していきます。これは道徳性の芽生えを培うことにつながっていきます。

〈事例〉 6-3

僕たちのクラスにそんなことする人いないよ[4)]

（2年保育5歳児クラス，12月）

降園前の集会の時，カヨコが「先生，私の上靴が無いの」と言ってきた。カヨコはままごとコーナーで遊んでいたという。みんなでままごとコーナーの周りを探してみたが，見つからない。とりあえず，一度集まることにし，教師は「カヨコの上靴が見つからなくて困っているのだけれど，誰か知っている人はいない？」と聞いた。「知らない」「どっかに忘れているんでしょ」等みんなは知らない様子だった。すると「さっきカヨコとシンジがケンカをしていたからシンジがとったんじゃない」とマモルが言った。「そうだよシンジはいつも怒っているもんね」「シンジって乱暴だから」といろいろな幼児が言い出した。カヨコの上靴が無くて困っているということよりも誰が隠したか犯人捜しのような話し合いになっていった。シンジは「僕やってないもん」と怒り出し保育室の隅に隠れてしまった。クラスは気まずい雰囲気になった。その時，ミツルが「僕たちのクラスにそんなことする人いないよ」と言った。教師も「そうだよね　どこかに隠れているかもしれないからもう一度みんなで探そう」と話し再度みんなで保育室内を探した。シンジは部屋の隅からこの様子をずっと見ていた。そしてどこからかカヨコの上靴をもってきて「ごめんね」とそっとカヨコに渡していた。その様子を見て教師は「よく言えたね」と声を掛けた。

この事例では，シンジくんはみんなから「いつも怒っている」「乱暴だ」ととらえられていることを目の当たりにしました。他者に映っている自分をあらためて考えたことでしょう。しかし，みんなが上靴を探している姿や，ミツルくんの「僕たちのクラスにそんなことする人いないよ」ということばで自分の気持ちに変化が生まれます。そして，そっと「ごめんね」のことばとともに，カヨコちゃんに上靴を返しました。これも相互的な影響関係であることがわかります。他者の行動や言葉から自己を見つめ直すことができたのです。

保育者は，ミツルくんのことばを受け止め，子どもたちの気持ちを変換させました。子どものちょっとしたつぶやきや思いを逃さないことが必要です。そして，シンジくんの行動や心の変化をも見守っていました。上靴を返しているときに「どうして上靴を隠したの」と問い詰めることもできました。しかし，この行動を認めて「よく言えたね」とことばをかけています。自分で自分の行動を振り返り新たな行動を生み出したことを肯定的にとらえているのです。この経験は，シンジくんの成長に大きく影響することでしょう。これらも道徳性の芽生えを培っている姿ととらえることができます。

2 心の理論

子どもは他者との関わりのなかで，自分とは違う存在に気づいていきます。そして自分とは違う考えや思いをもっていることにも気づいていきます。4歳くらいになると自他の区別ができ，他人の心を想像できたり，他人の行動を予測できたりするようになっていきます。これは心の理論を獲得したととらえられます。

心の理論とは，他者の行動からその背後にある心理状態を推測して，その次の行動を予測するために私たちに備わっているものです。すなわち相手の立場に立って物事を考えて行動することができる力といえるでしょう。その結果，仲間との関わり方も豊かになり，よりよい人間関係の調整が行われていきます。これは道徳性の芽生えにもつながるものです。私たちが心の理論をもち，それを働かせることは当たり前のように感じますが，心の理論はいつごろ，どのように発達するのでしょうか？

（1）心の理論の発達を調べる方法

子どもに心の理論が働いているかどうかを確認するには，さまざまな方法が考えられます。たとえば，女の子がおもちゃをカゴに入れて遊びに行ったとします。その後,「女の子はカゴのなかに何があると思っているかな？」とたずねてみるのはどうでしょうか。「おもちゃ」と答えられたら，他者の考えていること，つまり心の状態を理解できているといえるのではないでしょうか。たしかに，そうかもしれませんが，そうではないかもしれません。なぜなら「おもちゃ」という正解が,「女の子の心の状態（考えていること）」を推測して答えたからではなく,「子ども自身が知っていること」を答えただけで導かれた可能性もあるからです。

そこで次のような工夫が必要になります（図1）。

① 女の子がおもちゃをカゴに入れて出かける。

② 男の子がおもちゃを取り出して遊んだ後，箱に入れる。

③　女の子が戻ってくる。

● 図１　誤信念課題
（林創〔2016〕『子どもの社会的な心の発達―コミュニケーションの芽生えと深まり―』，金子書房，p.7より一部改変）

このお話を子どもに聞かせた後，「女の子は，おもちゃがどこにあると思っているかな（おもちゃを探すのはどこかな）？」とたずねます（テスト質問）。

この手続きでは，女の子が知らない間におもちゃの場所が変わることで，「子ども自身が知っていること」と「女の子の心の状態（考えていること）」が分離され，どちらに沿うかで別の答えが導かれます。それゆえ，子ども自身が知っている今のおもちゃの場所（箱）ではなく，女の子が最初に置いた場所（カゴ）と答えると，他者の心の状態を理解できたことになるのです。

この手続きによる課題は，実際は箱のなかにおもちゃがあるのに，他者はカゴのなかにあると「誤って」思っている（＝信念）状況で，そのことがわかるかどうかを調べているため，「誤信念課題（false belief task）」とよばれます。これまで，この課題を使った研究がたくさん実施されてきました[5)]。おおむね４～５歳ごろから，正答できるようになることが明らかになっています。

このように幼児期後期になると，子どもは他者の気持ちを理解し行動を予測できるようになってきます。友達との関わりのなかで自分がどのような行動をしたら相手はどのような気持ちになるかを考えられるということです。このような心の理論の発達は道徳性の芽生えと関連していると考えられます。

（2）相手の気持ちを考える　―身近な動植物との関わり―

心の理論とは，他者の行動からその背後にある心理状態を推測し，その次の行動を予測するために私たちに備わっているものです。他者との行動というと人間関係にとらわれがちですが，幼児期には自然や身近な動植物との関わりによっても形成されていきます。

カメ吉がかわいそう

（２年保育５歳児クラス，10月）

すみれ組ではカメを飼っていて当番が交代で世話をしています。今日はマドカちゃんとエイタくんが担当です。カメはタライのなかで飼っていて，毎日タライの水の取り換えと餌やりをします。

マドカ「カメ吉，おまたせ，お水取り変えるね」。

保育者「カメ吉，良かったね，気持ちよくなるね」。

エイタ「マドカちゃんそっちもって」と言って２人でタライをもちあげる。

マドカ「エイタちゃん傾いている。カメ吉が滑っちゃうよ」。

２人はタライが傾かないように高さをそろえながらゆっくりと水場に運んでいきました。水場でタライを下ろし，エイタくんは別のタライにカメ吉を移しました。２人で空になったタライを洗い，カメ吉を戻しました。エイタくんは，ホースでタライに水を入れました。

マドカ「エイタちゃん，そんなに勢いよく入れるとカメ吉がおどろくよ，かわいそう」と言い，エイタくんは水の勢いを弱め，水はタライの上のほうまで溜まりました。

マドカ「エイタちゃん，カメ吉の顔が出ない。苦しそう，水減らそう！」と大きな声で言いました。「カメ吉，ごめんね，びっくりしたね」と言って水の量を減らしカメ吉の顔が出るくらいの分量にしました。そして２人で餌をあげました。

保育者「カメ吉，ご飯をもらえてよろこんでいるね」。

そして，２人はゆっくりとタライを元の場所まで運んでいきました。

この事例で子どもたちが関わっている相手はカメです。カメの気持ちは，人とは違って表情やことばから読み取ることはできません。カメの気持ちを想像するには，人の気持ちであったり，自分自身の体験に合わせて考えることが必要になります。タライを傾けたことにより，カメ吉がタライの端に滑り落ちた様子を見て，カメ吉の気持ちを感じることができたのではないでしょうか？　最後の水の分量にしても，自分の経験で顔の高さより水が多く入ったことで，カメ吉も苦しいのではないかとマドカちゃんは予測しています。

水の分量が多い場合には，置き石などを置くことも必要になってきます。動物などを飼育するには，こうした基本的知識も大切ですが，カメを自分自身に置き換えて考えられることも大切です。こうしたことから相手の心理状態を予測し（この場合はカメであり，本当にそう思っているかどうかはわかりません），次の行動を考えることにつながります。

また，ここでは保育者が２回ほど，ことばをかけています。どちらのことばかけもカメ吉の気持ちを想像して伝えています。このような保育者のことばが，子どもの行動に影響していきます。自分たちのやっていることが，カメ吉にとってよろこんでもらえ，相手のためになるという自覚をもてるように指導・援助していくことが，道徳性の芽生えにつながっていきます。

3 共感・おもいやり

（1）共感してくれる存在

共感するとは，どのようなことなのでしょうか？　相手が感じている思いや考えを自分も同じように感じたり理解したりすることです。そのためには，相手の体験が自分の体験と重なり合うことが必要になります。たとえば，鉄棒で前まわりができず悲しい思いや悔しい思いをしたが，何回も練習をしたらできるようになりうれしかった，達成感を感じたなど，さまざまな感情を体験します。そして友達の同じような場面を見たときに，自分の感情体験と照らし合わせて，そのときの友達の感情を理解することができるのです。共感とは，他者と喜怒哀楽の感情を共有することです。

『幼稚園教育要領解説』には，領域「人間関係」の内容「（5）友達と積極的に関わりながら喜びや悲しみを共感し合う」の解説として，「幼児期は，人との関わりの中で様々な出来事を通して，嬉しい，悔しい，悲しい，楽しいなどの多様な感情体験を味わうようになる時期である。幼児は，嬉しいときや悲しいとき，その気持ちに共感してくれる相手の存在が，大きな心の支えとなり，その相手との温かな感情のやり取りを基に，自分も友達の喜びや悲しみに心が向くようになっていく」と述べられています[6)]。

〈事例〉 6-5

アリさんを見てたのね

（2年保育４歳児クラス，４月）

入園して２週間が経ち，子どもたちも幼稚園の生活に慣れてきました。門のところで保護者と別れると，子どもたちは走って保育室に向かうようになりました。しかし，ソウタくんはいつも園庭にしゃがみ込み，なかなか保育室に行きません。保育者は「ソウタちゃん，お部屋においで」といつも声をかけ迎えに行きます。そしてソウタくんは保育者に連れられて保育室に行きます。

「ソウタちゃん，朝，幼稚園に来たら，まず保育室でカバンやタオルを出そうね」と毎回のように話すのですが，いつも園庭にしゃがみ込んでいます。毎日のようにしゃがみ込んでいるので，保育者はなぜ，ソウタくんが園庭にしゃがみ込むのか，側に行って見ることにしました。ソウタくんの横でいっしょにしゃがみ込み，ソウタくんの視線を追ってみると小さなアリを見つめていることに気がつきました。「ソウタちゃん，アリさん見てたんだ。アリさんが好きなの？」と聞くと，ソウタくんは「うん」とうなずきました。保育者はソウタくんがなぜ，保育室に向かって来ないのか理解することができました。

次の日，しゃがんでいるソウタくんのところに行き，「ソウタちゃん，アリさんいる？　先生もアリさん見つけたいな。お部屋にカバン置いてから見つけようか」と声をかけました。ソウタくんはニコッとして，保育室に向かっていきました。

この事例では，はじめ保育者はソウタくんのことをなかなか保育室に来ない手のかかる子どもだと認識しています。「どうにかして保育室に連れて行きたい，朝の身支度をさせてから遊ばせたい」と思いがあります。でも，なぜ保育室に向かわないのかとソウタくんの気持ちに立って考えることにしました。保育者は横にしゃがみ，ソウタくんの視線を追っています。このように子どもの気持ちを理解しようとする＝共感しようとする保育者の姿勢は，子どもの気持ちを変えていきます。「先生もアリさん見つけたいな」ということばは，ソウタくんにとって自分の気持ちを理解してもらえた，共感してもらえたことを感じ，保育者に親しみをもったのではないでしょうか。

このように遊びや生活のなかで，子どもにとって共感してもらえた感情体験は自分の心を開き，相手との温かな感情のやり取りを育んでいきます。そして，相手の気持ちにも気づき，共感する・共感されるという両者の感情体験をすることが，その後の豊かな人間関係につながっていきます。

（2）思いやりの気持ちを育む

人を思いやるということは，どのようなことなのでしょうか？　園庭で転んで泣いている年少児に年長児が「大丈夫」と言って保育者のところへ連れて行く，喧嘩して泣いている友達に「嫌だったね」と声をかけ涙を拭いてあげるなど，幼稚園や保育所などの生活や遊びのなかに子どもたちの人を思いやる姿は見られます。自己中心的な世界から集団のなかでさまざまな体験をし，自分とは違う他者の気持ちに気づいていきます。次第に他者の気持ちを理解し，共感や思いやりのある行動ができるようになっていきます。

『幼稚園教育要領解説』では，「幼児は次第に気の合う友達やいっしょにいたいと思う友達ができ，そうした友達に対して，共感し，思いやりのある行動をする傾向があるので，共によく遊ぶ仲の良い友達をもつことが思いやりをもつ上で重要である。また，肯定的な気分のときの方が他者に対して思いやりのある行動をしやすいので，教師や友達に受け入れられ，自分が発揮されていることも必要である」[7)] と述べられています。

思いやりの気持ちを育むというと，人を思いやることに重点が置かれがちですが，思いやる経験と同時に人から思いやりを受ける経験も大切です。人の温かさや優しさを体験することが，子どもに思いやりの気持ちを育んでいきます。そのためには保育者の関わりは重要です。一人ひとりの子どもに対して温かく思いやりの気持ちをもって接していくことが，子どもたち同士が思いやりをもって関わっていく姿を生み出していきます。

〈事例〉 6-6

おじいちゃん，手をつなごう

（2年保育5歳児クラス，12月）

B幼稚園では年長になると，月に1回近くの高齢者施設を訪問し，園児と高齢者との交流会を行っています。毎回，高齢者の肩を叩いたり，お手玉をしたりあやとりをしたりしていっしょに遊び，そのあとに子どもたちが歌や手遊びを披露しています。帰るときには高齢者が廊下まで出てきてくれて，子どもたちの頭をなでたり，「かわいいね」「ありがとう」と声をかけて見送ってくれます。子どもたちは温かな気持ちを感じながら園まで帰って行きます。

12月になると「子ども会」があり，幼稚園に高齢者を招待することになりました。玄関で待つ子どもたち。2階のホールまで階段を上っていく高齢者の姿を見て，マサヒロくんが飛び出してきました。「おじいちゃん，手をつなごう」と手を差し出し，いっしょに階段を上っていきました。マコちゃんも同じように手を差しだし，ゆっくりゆっくりと高齢者と歩調を合わせて階段を上っていく姿が見られました。

この事例では，普段いっしょに生活をしている友達ではありませんが，毎回の交流により高齢者に親しみの気持ちが芽生え，「手をつなぐ」という行動に現れたと考えられます。高齢者施設に訪問するたびに「かわいいね」「ありがとう」など，ほめてもらえたり，うれしそうに微笑んでくれる高齢者との交流は，子どもたちに心の温かさを感じさせ「優しさや思いやり」の気持ちを芽生えさせています。

マサヒロくんやマコちゃんは，階段を上っていく高齢者の姿を見て思わず「手をつなごう」と行動に出ました。マコちゃんはマサヒロくんの姿を見て行動しています。一人の思いやりの姿が広がっていきました。マコちゃんは高齢者に歩調も合わせて，ゆっくり階段を上っています。相手の気持ちや困難さに気づき自然に出た行動でしょう。優しさや思いやりを受けた経験が，子どもたちに優しさや思いやりを生み出しているのです。

4 遊びや生活をとおして育つ子どもの心

本章では，道徳性の芽生え，共感・思いやりなど，子どもの心の育ちについて考えてきました。自己中心的な子どもが他者の存在に気づき，自分とは異なる考えや気持ちをもっていることを理解していきます。保育者や友達といっしょに生活を進めるな

かで，子どもはさまざまな感情体験をしていきます。そのなかでともに気持ちよく生活するにはどうしたらいいか考えたり，やってはいけないことを学んだりしていきます。幼稚園や保育所などの生活全体をとおして，人とともにあること，人とともに何かを成し遂げ，そのなかでのよろこびや困難さを体験していくことが，幼児期の心を育てます。

『幼稚園における道徳性の芽生えを培うための事例集』には，「道徳性の芽生えは，人との関わりを通して生まれる。幼稚園生活の中で，安心して自分の思いを表現し，それが友達や教師に受け入れられていくことで，人間と自分に対する信頼を獲得することが出来る」[8] と述べられています。子ども自身の心が育ち，集団のなかで自己を発揮し，他者の気持ちを理解して自己を調整し，互いに認め合える人間関係が構築できるよう豊かな園生活を考えることが保育者の役割になります。

演習　振り返り

1．幼稚園の生活には，きまりがあります。きまりを守りながら生活することは，子どもの成長にとって欠かせないものです。

① 幼稚園にはどのようなきまりがあるか話し合ってみましょう。

② 保育者役になって，①で出たなかのきまりについて，なぜ必要なのか子どもに説明してみましょう。

2．あなたが幼稚園，保育所などに通っていたころのことを思い出してみましょう。

① 友達や先生と気持ちが通い合った（共感できた）出来事を話し合ってみましょう。

② あなたにとって幼稚園，保育所などの先生はどのような存在でしたか？ 話し合ってみましょう。

【引用文献】

1）文部科学省（2001）『幼稚園における道徳性の芽生えを培うための事例集』，ひかりのくに，p.3.
2）文部科学省，前掲書1），pp.4-5.
3）篠原孝子（2017）「幼児期に育みたい資質・能力を保幼小連携の視点から考える（リーフレット）」，千葉測器，p.8.
4）文部科学省，前掲書1），pp.22-23.
5）林創（2016）『子どもの社会的な心の発達―コミュニケーションの芽生えと深まり―』，金子書房，pp.6-7.
6）文部科学省（2018）『幼稚園教育要領解説』，フレーベル館，p.173.
7）文部科学省，前掲書6），p.178.
8）文部科学省，前掲書1），p.47.

【参考文献】

・長谷川真理（2018）『子どもは善悪をどのように理解するのか？ ―道徳性発達の探究―』，ちとせプレス．
・塚本美知子編著（2018）『対話的・深い学びの保育内容 人間関係』，萌文書林．
・友定啓子・小田豊編著（2008）『保育内容 人間関係（新保育シリーズ）』，光生館．
・平林秀実（2015）「心の理論の発達と他者の感情理解―養育者，仲間，保育者とのかかわりから―」『発達』，36(144)，ミネルヴァ書房，pp.21-26.

第7章 対話的な学び

1 対話的な学びとは

現行の幼稚園教育要領は，2017（平成29）年３月31日に改訂され，2018（平成30）年度から実施されているものです。この改訂では，2016（平成28）年12月の中央教育審議会答申を踏まえ，幼稚園教育において育みたい資質・能力を明確化すること，「幼児期の終わりまでに育ってほしい姿」を明確にし，小学校の教師と共有するなど連携を図り，小学校教育との円滑な接続を図ることを基本的なねらいとしています。また，改訂の基本的な考え方のなかに，「主体的・対話的で深い学び」の実現に向けた授業改善の推進が基本方針としてあげられています。

変化が急速で予測が困難な時代，子どもたちがさまざまな変化に積極的に向き合い，他者と協働して課題を解決していくことなどが求められています。2014（平成26）年11月に文部科学大臣は，中央教育審議会に対して「初等中等教育における教育課程の基準等の在り方について」諮問を行いました。下記の内容は諮問理由の一部です。

> ある事柄に関する知識の伝達だけに偏らず，学ぶことと社会とのつながりをより意識した教育を行い，子どもたちがそうした教育のプロセスを通じて，基礎的な知識・技能を習得するとともに，実社会や実生活の中でそれらを活用しながら，自ら課題を発見し，その解決に向けて主体的・協働的に探究し，学びの成果等を表現し，更に実践に生かしていけるようにすることが重要であるという視点です。
>
> そのために必要な力を子どもたちに育むためには，「何を教えるか」という知識の質や量の改善はもちろんのこと，「どのように学ぶか」という，学びの質や深まりを重視することが必要であり，課題の発見と解決に向けて主体的・協働的に学ぶ学習（いわゆる「アクティブ・ラーニング」）や，そのための指導の方法等

を充実させていく必要があります。こうした学習・指導方法は，知識・技能を定着させる上でも，また，子どもたちの学習意欲をたかめる上でも効果的であることが，これまでの実践の成果から指摘されています[1)]。

そして，中央教育審議会答申（平成28年12月）では，「「主体的・対話的で深い学び」を実現することの意義」では，次のように述べています。

子供同士の協働，教職員や地域の人との対話，先哲の考え方を手掛かりに考えること等を通じ，自己の考えを広げ深める「対話的な学び」が実現できているか。身に付けた知識や技能を定着させるとともに，物事の多面的で深い理解に至るためには，多様な表現を通じて，教職員と子供同士が対話し，それによって思考を広げ深めていくことが求められる[2)]。

以上が中央教育審議会の「初等中等教育における教育課程の基準等の在り方」に掲げられている「対話的な学び」の考え方です。

幼稚園教育は，その後の学校教育全体の生活や学習の基盤を培う役割も担っています。幼稚園教育において育みたい資質・能力である「知識及び技能の基礎」「思考力，判断力，表現力等の基礎」「学びに向かう力，人間性等」を幼児期にふさわしい生活をとおしてしっかり育み，小学校以降の生活や学習においても重要な自ら学ぶ意欲や自ら学ぶ力を養い，一人ひとりの資質・能力を育成することが大事です。

幼児期は，まだことばが十分獲得されていない発達段階の時期です。対話的な学びをどのようにとらえたらよいでしょうか。子どもの成長する姿を見ると，周囲の環境と関わることによってさまざまなことを刺激として受け止め，関わりを繰り返す過程で対象への学びが深まっていきます。物であったり，自然であったり，友達であったり，先生であったり，周囲の環境との関わりは，対話的な学びといっても過言ではありません。人間関係もそのなかの一つです。

それでは，子どもがどのように人間関係を形成していくかみてみましょう。

2 自我の育ち

子どもが周囲の環境（人的環境，物的環境，自然）と関わり対話をとおして学んでいくとはどのようなことなのか，まず子どもが主体としての自分を獲得していく姿からみていきます。

（1）自己の形成

自己を形成していく過程では，人的環境である母親（あるいは養育者）との対話的な関わりが大きく影響しています。母親との愛着を形成していく過程で，人への信頼も芽生えていきます。

人と関わる力の基礎は，自分が保護者や周囲の人々に温かく見守られているという安定感から生まれる人に対する信頼感をもつこと，さらにその信頼感に支えられて自分自身の生活を確立していくことによって培われます[3)]。また，門脇厚司も著書『子どもの社会力』のなかで，人と人とがつながる力が形成していく過程の第一のステップを社会的原基の形成（０歳から３歳くらいまで）において，自分以外の他者に対して関心と愛着と信頼をもつことの重要性をあげています。他人への関心や愛着や信頼感がなければ，自分から進んで他者との相互行為を始め，それを続けるということはないでしょう。

① 母親（あるいは養育者）との共生

生まれたばかりの子どもの自我は，身体的にも心理的にも内と外の世界が一体化し，母親（あるいは養育者）との共生状態にあります。

生後３か月ごろは，首が据わり母親にあやされながら，まわりのものの動きを目で追ったり見つめたりするようになり，母子間に共同主観的な世界（二項関係）が形成されていきます。４，５か月ごろになると自分の手をじっと見つめながら，目で見える手と感じる手の知覚が同一化できるようになります。母親との身体的・情動的コミュニケーションによって自己身体と外界を区分ができるようになり，自己身体の存在に気づき始めます。

母親が赤ちゃんをあやす姿には，母親とのやりとり関係が見られます。この姿は「わたしとあなた」の関係の始まりです。そのやりとりのなかに「もの」が入ると，「人・もの・自分」の三項関係になり，やりとりは子どもの関心を意識的に周囲の環境に向けさせて視線を共有し，同調しながら，「あなたとわたし」の関係をつくっていきます。たとえば，10か月を過ぎたころでは，ものを介して「チョウダイ」「ドウゾ」というようなやりとりができるようになります。このやりとりには「渡す」と「受け取る」の意味が生まれてきます。自分が刺激の受信者「される私」であり，同時に発信者「する私」に気づいていきます（自己の二重性への気づき）。このようなやりとり関係のなかで次第に自我が芽生えてきます。

１歳を過ぎたころには，受け手と渡し手を交替しながら意図のあるやりとりができるようになります。この姿から相手から見た自分（対象化された自己）に気づき始めてきます。

② 母子分離（あるいは養育者との分離）と自我の芽生え

子どもは，母子が一体化した世界から少しずつ脱却し，母親を自分のなかに内在化することができるようになり，探索活動が始まります。母親以外の大人や子どもへと関心が広がり，母親から少しずつ離れて自分で動こうとするようになってきます。探索活動は，環境との対話，人との対話，自分との対話の始まりでもあります。

③ 自分らしさの形成

〈みんなと同じわたし〉

３歳を過ぎると，子どもの表象機能が飛躍的に発達し，ことば遣いが流暢（りゅうちょう）になってきます。人と関わることを自分から求め，母親（あるいは養育者）から離れて，ほかの子どもと遊ぼうとするようになります。事例のように友達と場を共有し相手のすることをじっと見つめて，自分も同じことをして相手に自分をうつし出しながら同じであることを楽しむ姿が見られます。

〈事例〉 7-1

いっしょに遊びたいな！

（３歳児クラス，12月）

大きなケヤキのそばでアキラくん，イクオくん２人の姿をよく見かけるようになりました。はじめは，アキラくんが手にしている物をイクオくんがほしくて追いかけ，大きなケヤキのまわりをぐるぐるまわったり，小競り合いをしたりしていました。ときにはイクオくんがアキラくんに追いつかず，怒ったような表情でアキラくんのほうを見ながら立ち尽くす姿が見られました。数日後，２人が廃品の牛乳パックを同じようにもって，いっしょに走ったり同じようなポーズをしたりして遊ぶようになりました。好きな友達といっしょに遊ぶ楽しさが笑顔にあふれていました。

〈自分を軸にした世界づくり〉

友達と同じことをする経験を楽しむなかで，自分と他者の違いに気づいていきます。自分にできることとできないことがあることがわかり，それと同時に葛藤する場面も多くなります。前述した事例「いっしょに遊びたいな！」の３歳児イクオくんの姿にも，アキラくんを追いかけるが，追いつかずあきらめる姿が見られました。このような友達といっしょに遊ぶなかで自分を軸にした世界づくりが始まります。他者と異なる自己への認識につながり，自分らしさと自分が自分であることにつながっていきます。そして，他者にも自分と同じように心があることに気づくようになります。

自己発揮・自己抑制

子どもは徐々に母親（あるいは，養育者）から分離し，自我が芽生えていきます。自我は，あくまでも自己発揮して自己充実を目指す自分の一部が変化して，周囲の環境に合わせようとしながら，自己発揮する自分として登場してくるものです。単に我を押しとおすのが自我の働きでないことはもちろん，単に周囲に合わせようとすることだけが自我の働きなのではありません。自己発揮しつつ周囲に合わせるという，一種の自己矛盾をやりとげる働きが自我なのです[4)]。幼児期は，自己発揮する子どもたちがぶつかり合い，それをとおして自我を育ててゆく時期であり，自己抑制もそのなかで徐々に身についていきます[5)]。

次の事例は，遊びのなかで互いに自己発揮しようとしてぶつかり合い，対話をとおして自己抑制する姿が見られた内容です。

〈事例〉 7-2

わたしがハーちゃんじゃなきゃいけないの！

（４歳児クラス，11月）

園庭で女児３人が仲良く遊んでいたが，突然エミコちゃんが一人になり遊具の上でうつむいています。しばらくすると顔をあげ，いっしょに遊んでいた２人の姿を目で追うが，実習生と目が合うと，また顔を曇らせうつむいてしまいました。実習生がエミコちゃんに近寄り，「エミちゃん，どうしたの？」と聞くと「オトネちゃんとキミちゃんがいじわるした」と言います。

実習生がエミコちゃんと手をつなぎ，２人のもとへ行くと口を揃えて「いじわるなことやってないよ」と答えます。するとエミコちゃんは，「わたしが，ハーちゃんじゃなきゃいけないの」とつぶやきます。実習生が，「何ごっこしてたの？」と聞くと，「プリキュアだよ」と答えます。キミコちゃんも「わたしも，ハーちゃんがいいもん」と言います。

実習生がエミコちゃんとキミコちゃんに，「2人ともなりたいなら，ハーちゃんを2人にするといいんじゃない。それとも，時間を決めて交代でやるのはどうかな？」と提案します。それを聞きキミコちゃんは，「わたしは，どっちでもいいよ」と言います。エミコちゃんは反応せずうつむいていると，キミコちゃんは「わたしがキュアフェリーチェでいいよ」と言います。実習生がエミコちゃんに「キミちゃんが，ハーちゃんゆずってくれるって。ありがとうして遊ぼう」と言うと，エミコちゃんは下を向いたまま小さくうなずきます。その後，3人は前のように仲よくプリキュアごっこをしていました。

※ハーちゃん　⇒　プリキュアごっこの役名

プリキュアごっこをしていた3人のなかのエミコちゃんとキミコちゃんは，“ハーちゃん”役になって遊びたいという，互いに自己発揮しようとする面がぶつかり合いました。実習生が仲介していくなかでキミコちゃんは，やりたい役をエミコちゃんにゆずり，ほかの役に変え，自己抑制しつつも3人で仲よくプリキュアごっこをするという自己発揮もできたのではないでしょうか。

このような友達との遊びのなかで，人と人とがつながる力が形成されていきます。ヒトの子どもは生まれながらにして高い能力をそなえているということがわかってきていますが，その能力が発揮されるのは，大人との行為のやりとり，相互行為を重ねていくことによって発揮されます。そして人との関わりに必要なことを習得していきます。子どもの場合も人と人とがつながる力を身につけるには，自分以外のほかの人と互いに働きかけたり，働きかけられたりという相互行為をしなければ身につかないということです。幼稚園や保育所などの集団生活のなかで，人と関わる経験を積みながら人と関わるためのさまざまなことを学んでいきます。そこには人的環境としての友達との対話的学びが重要になります。

さらに「人と人とがつながる力」を育てる上で必要なことは，自分以外のほかの人を認識する能力や，自分以外のほかの人への共感能力が必要です。家庭では，自分の遊具は自分が使いたいだけ使うことができます。しかし，幼稚園や保育所などでは，遊具の数には限りがあり，使いたいときに使えるとは限りません。一つの遊具を巡って取り合うことが多くなり，自己発揮できない状態になります。そのような友達とのぶつかり合いのなかで，徐々に友達の存在に気づいていきます。また，友達といっしょに砂場で川をつくったりトンネルをつくったりしますが，自分の考えていることと友達が考えていることには違いがあることに気づいたり，友達が感じていることと自分が感じていることにずれや違いがあることなど，自分以外の人への認識をする能力が育まれてきます。

筆者がある幼稚園の保護者会で，３歳の子どもをもつ保護者に「お子さんが成長したと感じたときは，どのようなときか？」について具体的に書いていただいたことがありました。

> 公園で遊んでいるとき，自分より幼い子を思いやる行動をとるようになったとき。
> 泣いている子に「どうして泣いているの？　大丈夫？」と聞いたり，「僕のおもちゃ貸してあげるよ」と言ったりしている姿。

３歳児であっても自分より小さな子どもが泣いているということが，どのようなときにおきるのか，自分の体験したことなどから，自分より小さな子の泣いている姿を共感的に見ています。これからさらにいろいろな経験をしていくことで，相手の立場や相手がおかれている状況についての理解がよりできてくるでしょう。そうすると相手がそのような立場と状況にあって，何を考え，何を欲しているかもわかるようになり，その相手に対して同情的かつ好意的な感情を寄せることができるようになってきます。それが「人と人とがつながる力」につながっていきます。

『幼稚園教育要領解説』には，「幼児にとっては，うれしいときや悲しいとき，その気持ちに共感してくれる相手の存在が，大きな心の支えとなり，その相手との温かな感情のやり取りを基に，自分も友達の喜びや悲しみに心が向くようになっていく」とあります[6)]。人と関わる力を育む上では，単にうまくつき合うことを目指すだけではなく，幼稚園で安心して自分のやりたいことに取り組むことにより，友達と過ごす楽しさを味わったり，自分の存在を感じたりして，友達とさまざまな感情の交流をすることが大切です。

人と人とがつながる力の土台としての自分以外のほかの人を認識する能力や，自分以外のほかの人への共感能力は，すでに身についているものではなく自分以外のほかの人との相互行為によって徐々に形成されていきます。保育者は，このことを念頭に置き，子どもを指導，援助していくことが大事です。

門脇は，自分以外のほかの人を認識するという意味を社会生活をともにしている人たちがそれぞれどんな社会的位置を占めて行動しているかがわかる，関係がわかるということでもとらえています。絵本『わたし』（谷川俊太郎文・長新太絵，福音館書店）では，「みちこ」という名前をもった一人の女の子が，相手が誰であるかによって，自分が占める位置が変化していきます。

わたし
　おとこのこからみるとおんなのこ
　あかちゃんからみるとおねえちゃん
　おにいちゃんからみるといもうと
　おかあさんからみるとむすめのみちこ
　おとうさんからみてもむすめのみちこ
　おばあちゃんからみるとまごのみちこ
　けんいちおじさんからみるとめいのみっちゃん
わたし
　さっちゃんからみるとおともだち
　せんせいからみるとせいと
　となりのおばさんからみるやまぐちさんちのしたのおこさん[7)]

父，母，兄，姉，弟，妹，祖父，祖母がそれぞれどんな特徴をもった社会的位置で，それらの位置にいる人がどんな行動をするかが全部わかるということは，家族という「社会制度」についてもわかっているということであり，社会に参加していくときの力となっていきます。自分とほかの人との違いがわかったり，相手の社会的な役割がわかると，相手の立場に立って，あるいは相手の身になって，ものごとを見たり考えたりすることができる，人と人とがつながる力につながっていくと述べています。

 共に生きる

門脇は，人と人とがつながる力の形成の第二のステップを社会的な要素を共有していく段階とし，年齢的には４歳くらいから始まると考えています。幼稚園や保育所などの集団生活のなかで営まれていきます。幼稚園教育要領の人間関係の内容「(9) よいことや悪いことがあることに気付き，考えながら行動する」や「(12) 共同の遊具

や用具を大切にし，みんなで使う」といったルール，社会規範，価値がそうです。

(1)「私は私」でも「私はみんなのなかの私」

子どもは，幼稚園などで友達といっしょに生活したり遊んだりするなかで，友達との相互行為により「人と関わる力」の基礎を学び身につけていきます。「私は私」から，「私は私」でも「私はみんなのなかの私」であることを学んでいきます。友達といっしょに鬼ごっこをしたり砂遊びをしたりすることは楽しいことです。一人ではできないような大きな山を，みんなといっしょだったらつくることができます。一人で遊ぶのとは違った楽しさがあります。しかし，楽しいことばかりでもありません。友達といっしょだと自分の思いどおりにならないことも，たくさんあります。

幼稚園教育要領の人間関係の内容に「⑾ 友達と楽しく生活する中できまりの大切さに気付き守ろうとする」とあります。たとえば，クラスでみんなといっしょにタンバリンを叩いた数と同じ人数で手をつなぐというゲームをしたとき，はじめは「○○ちゃんと手をつなぎたい」「○○ちゃんでないといやだ」などと，手をつなぎたい相手にこだわり遊びそのものの楽しさを味わうまでに至りません。しかし，遊びのルールがあるという意識，ルールを守らないと遊びが成立せず，つまらなくなってしまうということがわかって楽しくできるわけです。

『幼稚園教育要領解説』には，「集団生活や友達との遊びを通して，これらのきまりがあることに気付き，それに従って自分を抑制するなどの自己統制力を徐々に身に付けていく」「遊びの中で，ルールを守ると友達との遊びが楽しくなるという実感をもてるようにすることが大切である。他者と共に遊ぶということは，自他に共有された何らかのルールに従うということであり，ルールを守らない幼児がいると楽しい遊びにならず，その遊びも継続しない。友達といっしょに遊ぶ中で，楽しく遊ぶためには参加者がルールに従うことが必要であること，さらにより楽しくするために自分たちでルールをつくったり，つくり変えたりすることもできることがわかっていくことは，生活上のきまりを理解し守ろうとする力の基盤になっていく」[8)] と示されています。

「私は私」という自分をつらぬこうとする面と，でも「私はみんなのなかの私」という集団の一員として振舞うことによろこびを感じる面をどう折り合いをつけていくのか，その子の「私は私」を尊重すると同時に「みんなのなかの私」に気づいてほしいと願いつつ，指導，援助していくことが大事なことなのです。

幼児期には，まず大人との信頼関係を背景に自分の思いを肯定的に受け止めてもらう経験を通して，子どもは「私は私」の基礎を固めます。そして，次に信頼を寄せる大人に受け止め認めてもらったよろこびをバネに，その大人の思いを受け止めるようになります。これが相手を尊重するということの第一歩です。そうやって信頼する先生に支えられたり，指導や援助を受けたりするなかで「私は私」でも「私はみんなのなかの私」ということが形成されていきます。

子どもたちは，幼稚園や保育所などで遊んだり生活したりして「人と関わる力」を身につけていきます。それを支えているのが保育者，とくに担任の先生です。

（2）遊びや生活を支えるもの

遊びや生活を支えるものとして，保育者との安定した関係が第一にあげられます。子どもにとって安全基地となるような関係が，保育者との間にしっかり構築されていることが，子どもたちの世界を広げる基盤となります。そうすれば友達との相互行為も活発になり，友達との対話的な学びも深まっていきます。

基本的な生活習慣の獲得ということも根っこの部分となり大事なことです。「人との関わりを育てる」という視点からも基本的な生活習慣は，子どもたちの遊びや生活を支える基盤になります。基本的生活習慣の形成は，個々の人間の人格形成に関わる重要なものです。その子が単に一人で排泄の始末ができるようになった，衣服が着られるようになった，はしを使って食べられるようになったということだけではないということなのです。食育ということで室田洋子は，食卓は人間関係を強化する場ととらえています。食卓を囲んでの家族との会話や，それに伴う表情，身のこなしなど，家族との対話のなかには，子どもを育てる上での大事な要素がたくさんあります。

排泄についても，排泄訓練がどのように行われたのかは，私たちの性格形成上で大きな意味をもつといわれています。訓練そのものの内容の関係のあり方，そしてそれがどのように推移してゆくかということが，性格形成上に大きな影響を与えています。きれいにすることにあまりにも重点が置かれすぎた排泄の体験，つまり出すか，出さないかよりも以前に，とにかくキチンときれいにすることに力点が置かれるという場合は，それなりに問題をもたらすこともあるということです。できる，できないということよりも，とくに母親（あるいは養育者）と子どもがどのような関係で訓練をしていったか，そのことがその子の性格をつくっていく上で重要なことなのです。

排泄にまつわる話で２歳11か月の子どもの保護者の「お子さんの成長を感じたときはどのようなときか」に書いていただいた内容です。

> 排泄は，おしっこはトイレでできるけど，うんちはできません。
>
> ある日の朝，「しまじろうみたいにいいうんちがポチョンと出たよ！」と私のスカートをひっぱり，飛びあがらんばかりによろこび，見てほしいとトイレにひっぱった。
>
> “うんちをトイレで”ということがわかっていたけど，できないでいたのだ。それができたうれしさを伝えたいのだとわかり，その２点で成長したと感じた。

ここからは母親と子どもの温かな関係が読み取れます。基本的な生活習慣を身につけていく過程で，子どもと関わる大人との信頼関係が大事です。

佐々木正美は，著書『子どもへのまなざし』のなかで，しつけをするとき大切なことは，子どもからすれば，繰り返しよく教えてくれて，しっかり上手にできるようになるのをあせらずにいらだたないで，じっと待っていてくれることといっています。親や保育者に対する信頼感と尊敬の気持ちは，こんなふうに育てられるところが大きく，人を信じ，尊敬し，自分に誇りや自信をもつための基本的な感情は，このように育てられます。

幼稚園や保育所などでは，家庭で身につけた生活習慣をもとに，集団生活の場で応用したり，あるいは補ったり，新たな生活に適応する力の育成を目指して指導していきますが，そこでの子どもと保育者の関係のあり方，温かな人間関係やていねいな関わり方が大切です。保育者の関わり方からも，子どもは人との関わり方を学びとっていきます。その子ども自身はもちろんのこと，保育者の関わり方をまわりの子どもたちも見て学んでいます。「人との関わりを育てる」という視点からも，遊びや生活を支えている基本的な生活習慣の形成といった基礎的な部分が大切ではないでしょうか。

5 いざこざをとおして育つもの

いざこざは，双方の意思が食い違い，問題が起きることですが，さらに自分の欲求が双方とも阻止されているという感情的抑圧状況にあります。子どもにとってみれば相手が誰であろうと，理由が何であろうと，この抑圧をとり払うために攻撃的になるか，精神的，肉体的痛みやくやしさの抑圧に泣き出すしかない状況にいたるのがけんかといえます。

（1）いざこざの原因

幼稚園や保育所などの集団生活や遊びのなかで，子どもたちのいざこざはよく見られる姿ですが，どのような原因がいざこざを引き起こしているのでしょうか。下記にまとめた内容は，学生が実際に幼稚園や保育所の実習で見られたいざこざの姿を記録しまとめたものです。原因は多岐にわたることがわかります。また，発達によって起こりやすい内容も見えてきました。

・イメージが相手に伝わらない。
・一つの事物の使用をめぐっての対立。
・物の取り合い（遊具）。

・場の取り合い（遊び場，座席，順番）。
・人の取り合い（友達，保育者，実習生）。
・遊びの役をめぐって（お母さんになりたい）。
・故意ではないが結果として相手を傷つける。
・プライドを傷つける（言葉遣い）。
・遊びへの途中参加をめぐって（遊びへの理解，友達）。
・遊びの主導権をめぐって。
・仲間はずれ。
・謝らない。
・遊びへの妨害　　　等々。

いざこざの背景を考えてみると，自分の意図が十分相手に伝えられない，力のぶつかり合い，優越をめぐっての対立など，人との関わりの発達の過程におけるさまざまな負の体験をとおして学んでいることがわかります。

（2）いざこざの意義

幼稚園や保育所の実習を体験した学生に，いざこざから子どもがどのような経験をしているのかグループで話し合い考えてもらいました。その結果が下に示した内容です。

・我慢することを学ぶ（自己抑制）。
・自分の気持ちや意見を相手に伝える。
・相手を知る（相手の存在，相手の気持ち）。
・相手の気持ちを考える。
・発達の違いや，こだわりの違いを学ぶ。
・互いの気持ちを伝え合う。
・友達との関わり方を学ぶ。
・ルールを守ることを知る。
・してよいこと，悪いことを知る。
・譲り合うことを学ぶ。
・事態について原因や解決策を自分たちで考える。
・友達と共有することを学ぶ。
・気持ちや思いを伝え合う　　　等々。

次の事例は，遊びを決める際に双方が自分のしたい遊びをみんなでしたいという気持ちが強く，自分の主張を譲らないトラブルです。

〈事例〉 7-3

何をして遊ぶかをめぐって

（４歳児クラス，６月）

園庭で子ども４～５人が，何をして遊ぶかを話し合っていました。クニオくんは鬼ごっこがいいと言い，ケイタくんは，ダンゴムシ探しをしたいと言い，２人の主張がぶつかりトラブルになります。２人とも自分の主張を曲げないため，まわりの友達が「じゃんけんしてきめればいいじゃん」と言います。しかし，クニオくんは「じゃんけんはしたくない」と言い，時間だけが過ぎていきます。

そこで実習生が「じゃんけんをして勝ったほうが先にやって，負けたほうが次にやるのはどうかな？」と提案しました。クニオくんは，「ケイちゃんが勝つにきまっているもん」と言い，じゃんけんをすることをこばみます。そこで実習生が，「じゃんけんをしてみないとわからないよ」と言い様子を見ていると，クニオくんとケイタくんがじゃんけんをし，先にダンゴムシ探しで遊び，次に鬼ごっこで遊ぶことになりました。

4歳児ともなると自分たちでトラブルを解決しようと考え，みんなで話し合おうとするような発達の姿も見られます。仲介に入った実習生は，「じゃんけんをして勝ったほうが先にやって，負けたほうが次にやるのはどうかな？」と提案し，クニオくんとケイタくんに問いかけています。この提案では，どちらか一方の遊びになるのではなく，遊びの順番をじゃんけんで決めて双方のやりたい遊びができるという提案です。実習生はこの場面を振り返り，「過去にじゃんけんをして決めるという同じ場面のときに，友達に負けてしまったのかなと感じた。でも，じゃんけんをしてみないとわからないと声をかけたら，しぶしぶじゃんけんをしていた。子どもたちは，自分の思いどおりにことが進むわけではない過去の嫌だったことを乗り越えるなどの経験をしたのではないかと考える。また，周囲にいた幼児たちにもよい経験をすることができたのではないかと考える」と考察しています。

このように，いざこざやけんかは，友達との関わりのなかで負の状況ではありますが，当事者も周囲の友達も人間関係のさまざまな経験をしています。友達とのコミュニケーション（二者間で情報や観念，感情や気持ちを伝え合い，わかり合う過程）能力を育んでいく大事な機会であるということがいえます。幼稚園や保育所などでの生活は，子どもたちが自分の気持ちや思いを伝え合うよい経験の場といえます。

子どもたちは，自分の気持ちを言葉では，まだ十分に表現できません。幼児期のコミュニケーション能力の発達は，赤ちゃんの微笑みに対して母親（あるいは養育者）が微笑み返すというような初歩の段階での「非言語的なコミュニケーション」から，次第に「言語的なコミュニケーション」へ拡がっていく大切な時期です。このとき，表情とか雰囲気，手振りや身振りといった動作や行動などの，豊富な非言語的なコミュニケーションを土台にして，その上にことばが積みあげられていきます。非言語的なコミュニケーション能力は，ことばではなく声の抑揚や身振り，表情などの感情を表現して伝え合う能力で，人間が社会生活を営む上で重要な役割を担うのではないかと考えられています。「関わりの力をつける」ということでは，その根っこの「共有する体験」「共有するコミュニケーション」を重視することが大切といっています。前述した人と人とがつながる力を育てる上で必要な自分以外のほかの人との共感能力と関係してくるものだと考えます。

子どもは，相手に親しみを感じると，その相手に思ったことを伝えようとします。はじめは，一方的に自分の思っていることを伝えることが多いですが，相手に対する興味や親しみが増してくると，自分中心の主張をしながらも，少しずつ相手にわかるように伝えようとします。『幼稚園教育要領解説』は，「幼児の自己発揮と自己抑制の調和のとれた発達の上で，自己主張のぶつかり合う場面は重要な意味をもっていることを考慮して，教師がかかわることが必要です。例えば，けんかの状況や幼児の様々な体験をとらえながら，それぞれの幼児の主張や気持ちの立て直しができるようにしたりするために，援助することが必要になる」[9]と述べています。

保育者は，子どもたちがことばでは，まだ十分に自分の気持ちを表現できないことが多いということを配慮して，子どもとの間での非言語的なコミュニケーションを豊かにし，気持ちや感情のわかり合いの面を重視する必要があります。さらに保育者は，子どもとのコミュニケーションのなかで，子どもの言うことを十分に聞く態度を示すと同時に，保育者自身の気持ちを子どもにもわかるようていねいに表現することが大切です。

（3）いざこざを援助する上での配慮

幼児期は自己発揮する子どもたちがぶつかり合い，それをとおして自我を育てていく時期です。自己発揮して遊ぶようになればトラブルが発生するのは自然ととらえて対処していくことが大事です。ただし，自分の気持ちのはけ口として弱い子をターゲットにするような場合は，当然保育者は介入し指導する必要があります。

人との関わりのなかで派生する負の事態を乗り越えるために必要な心の働きを身につけていく経験は，人と人とが関わりながら生きていくために必要なことです。そして，人との関わりのなかで派生する負の事態を乗り越えていくために必要な心の働き，相手の気持ちに思いいたるところから導かれた「謝る」「許す」という心の働きを身につけていく上で欠かせない経験です。

次の事例は，大型積み木をめぐって起きた負の事態を取りあげています。

〈事例〉 7-4

大型積み木をめぐって

（5歳児，6月）

おやつを食べた後，大型積み木で遊んでいるコウジくんとサトシくんがけんかを始めました。コウジくんが「ねえ，おれのだぞ，かえせよ！」と大型積み木をもっているサトシに言うと，「やだ！　いま，つかってなかったもん！」と答え，2人が言い争います。そのうち怒ったコウジくんが，傍にあった大型積み木を投げようとしました。

それを見ていた保育者が，大型積み木を投げようとするコウジくんを止め，「どうしたの？　これを投げてお友達にあたったら大怪我しちゃうよね？」と仲介に入ります。コウジくんは，「だって，おれのとったんだもん」と涙を浮かべながら保育者に訴えます。保育者は，「そうか。コウジくんが使っていたのに勝手に取ったからいやだったんだよね。でもこんな大きな物を投げてはいけないよね」と言うと，コウジくんは「うん」とうなずき少し落ち着いた様子です。保育者は，「サトシくんも，この積み木がとっても使いたかったんだよね。でも勝手に取ったらコウジくんだって怒るよね」と言うと，サトシくんは黙ってうなずきます。保育者は，「お互いに嫌な気持ちになってしまったから，謝って仲直りできる？」と言う。2人はうなずいてコウジくんが「ごめんね」と言うと，サトシくんも「ごめんね」と言い，さらにコウジくんは「いいよ」と言います。その後，2人は積み木を組み立てて楽しそうに遊んでいます。

この事例のように保育者は，誰が悪く誰が正しいかというような審判の役割を果たそうとする仲介の仕方ではなく，そのようにせざるを得なかった双方の気持ちに寄り添い，双方の子どもがどのように自己発揮しようとしていたのか，それがどのように衝突したのか，自分の思いをどのように相手に伝えようとしていたか，互いがそこでどのような葛藤を経験していたかなど，いざこざの事態を見きわめることが指導，援助する上で大事です。

いざこざは負の状態ですが，他者と自分との対話的な学びの貴重な機会にもなります。いざこざは，コミュニケーションを学ぶ場ととらえた指導，援助のあり方が大事です。それはコミュニケーション能力の向上につながり，子どもなりに行動を振り返り，相手との関係，自分のしたこと，方法，気持ちを考えていきます。新たな自分をつくり人と関わる力の発達につながっていきます。

演習　振り返り

1．次の事例を読んで，タツオくん，ナオちゃんにどのように対応しますか。また，その理由も述べましょう。

８時45分に保育所に登園した２歳児は，保育室でブロックを使って遊んでいました。タツオくんは，ブロックを組み立て20センチくらいの大きさの家をつくっています。タツオくんは実習生に，「せんせい，これみて。すごいでしょ」と言います。実習生が，「わあ，すごいねタッちゃん」と答えると実習生のもとを離れてほかの場所へ歩いていき，再びブロックをつけ足して家をつくっています。そこへナオちゃんがやってきて，タツオがつくった家を黙って奪おうとします。タツオくんは，「やめて！タッちゃんがこれつくったの！」と言い，取られそうになったブロックの家を奪い返します。奪い返されたナオちゃんは，声をあげて泣き出しました。

【引用文献】

1）文部科学省（2014）「初等中等教育における教育課程の基準等の在り方について（諮問）」.

2）文部科学省（2016）「幼稚園、小学校、中学校、高等学校及び特別支援学校の学習指導要領等の改善及び必要な方策等について（答申）（中教審第197号）」.

3）文部科学省（2018）『幼稚園教育要領解説』, フレーベル館, p.167.
4）鯨岡峻, 鯨岡和子（2001）『保育を支える発達心理学』, ミネルヴァ書房, p.175.
5）鯨岡峻, 鯨岡和子, 前掲書４）, p.176.
6）文部科学省, 前掲書３）, p.173.
7）谷川俊太郎文, 長新太絵（1981）『わたし』, 福音館書店.
8）文部科学省, 前掲書３）, p.179.
9）文部科学省, 前掲書３）, p.174.

【参考文献】

・伊藤直文講演（1999）「学級崩壊といじめを臨床心理学の現場から考える」『みちびき』, 東京都公立学校情緒障害教育研究会.
・井上健治, 窪ゆかり編（1997）『子どもの社会的発達』, 東京大学出版会.
・門脇厚司（1999）『子どもの社会力』, 岩波新書.
・鯨岡峻, 鯨岡和子（2001）『保育を支える発達心理学』, ミネルヴァ書房.
・佐々木正美（1998）『子どもへのまなざし』, 福音館書店.
・室田洋子（1995）『心を育てる食卓—食卓の家族論—』, 芽ばえ社.
・森上史朗, 吉村真理子, 後藤節美編（2001）『保育内容「人間関係」』, ミネルヴァ書房.

第8章

協同的な学び

幼稚園教育要領などで示された「幼児期の終わりまでに育ってほしい姿」の項目の一つに「協同性」があります。幼児期の協同性は，教師との信頼関係を基盤に他の幼児との関わりを深め，思いを伝え合ったり試行錯誤したりしながらいっしょに活動を展開する楽しさや，共通の目的が実現する喜びを味わう中で育まれていくといわれています。

さらに，文部科学省では「協働的な学び」について，「探究的な学習や体験活動などを通じ，子供同士で，あるいは地域の方々をはじめ多様な他者と協働しながら，あらゆる他者を価値のある存在として尊重し，様々な社会的な変化を乗り越え，持続可能な社会の創り手となることができるよう，必要な資質・能力を育成する「協働的な学び」を充実することも重要である」と説明しています。

学習指導要領などにおいては「協働的」ということばが使われており，文字の表記は異なりますが，幼児期における「協同的な学び」「協同性」はこれからの社会を豊かに生き抜く力を育む上で大切なキーワードであるといえるでしょう。では，子どもは園のなかで「協同的な学び」をどのように積み重ね，どのように「協同性」を育んでいるのでしょうか。

本章では，「協同的な学び」という学びのプロセスをとおして育まれる資質・能力について，とくに「協同性の育ち」に焦点をあてて考えていきます。

1 子ども同士の関わりから生まれるルール

前述のとおり幼児期の協同性は，ほかの子どもとの関わりを深め，思いを伝え合ったり試行錯誤したりしながら，いっしょに活動を展開する楽しさや，共通の目的が実現するよろこびを味わうなかで育まれるとされています。それは，子ども同士の関わりを深めていくまでのプロセスのなかに，協同性を育む上で大切になる体験がたくさん含まれているともいえるでしょう。

入園後，まず大切になるのは，一人ひとりの子どもが保育者との信頼関係をしっかりと築くということです。子どもは，保育者との信頼関係を基盤に，自分をのびのびと表すようになります。自分をのびのびと表し始めると，次第に同じ場で遊んでいる友達と関わったり，気の合う友達といっしょに遊んだりして，人と関わる楽しさを感じるようになります。人と関わるなかでは楽しさやよろこびだけでなく，ときには，思いどおりにならない気持ちや，つらさなどの悲しい気持ちを味わうこともあるでしょう。それらの人との関わりのなかで出会う，さまざまに心を揺り動かされる体験の一つひとつが，協同性を育むことにつながっていきます。

さらに，子どもはさまざまな感情体験を重ねながら，友達といっしょに楽しく遊ぶためにはどうすればよいのかを考えていきます。そして，一人ひとりの考えが，次第に自分たちの遊びの約束やきまりのようなものとして，共通に意識されるようになっていくと，「自分たちの遊びのルール」として認識されていくのでしょう。

（1）友達と楽しく遊ぶために必要なことに気づいていく体験

まずはじめに，遊びのなかで少しずつ自分たちの遊びの約束事を築き始めている事例を見てみましょう。

この事例では，自然発生的に生まれた遊びのルールを守って遊ぼうとする様子や，ルールに気がついていないのか，気がついていても守れないでいる様子などのさまざまな実態が見られます。

〈事例〉 8-1

僕だって本当はやりたくない

（２年保育４歳児クラス，５月下旬）

同じクラスの子どもたち４～５人が，「警察ごっこ」と称して，園庭の総合遊具を警察の拠点にして，友達と追いかけたり追いかけられたりする遊びを始めました。その遊びは数日間続いていて，追いかけられる悪者役は，「今日は僕が悪者になるね」などと言って，その日によって交代しながら遊びを楽しんでいました。担任は，この遊びの様子を観察し，ユウタくんが一度も悪者役になっていないことに気がつきました。

ある日，担任がさり気なく「ユウタくんは悪者役にならないの？」と聞きました。するとユウタくんは「僕は足が遅いから」「捕まりたくないから」などと理由を言います。そのやり取りを聞いたまわりの子どもたちは，「僕だって本当は悪者やりたくない」「ユウタくん，ずるいよ」などと言い始めました。担任が「みんなが何か言っているよ」と言うと，ユウタくんの表情が変わり，何かを考えているようでしたが，その後も悪者役になろうとはしませんでした。

この事例で見られた遊びでは，悪者役には交代してなる，という遊びのルールが繰り返し遊ぶなかで生まれてきました。ユウタくんは，このルールをわかってはいても，悪者役になれない自分がいるようです。

ユウタくんは，入園後のこれまでの遊びのなかでは，自分の思いを強く主張することはありませんでしたが，警察ごっこの遊びでは，友達に「ずるい」と言われても，悪者役になろうとはしませんでした。

この場面で担任は，ユウタくんだけが悪者役になっていないことについて，ほかの子どもといっしょになって「それはずるい」「役を交代して遊ぶのがルール」などと，大人の考える規範に従うことになるような言動を控えています。周囲の子どもたちのことばを受けて「みんなが何か言っているよ」と，ユウタくん自身が自分の言動を振り返ったり友達の思いを感じたりできるようにしています。そして，表情を変えて何かを考えているユウタくんの様子から，自分とは違うほかの子どもの気持ちに触れる機会になったととらえました。

子どもたちは，入園してしばらくすると，園で生活する上での必要になる行動や決まりがあることに気づいていきます。遊びのなかでも，友達といっしょに遊ぶためには，みんなが守っている遊び方（遊びのルール）は，守ったほうが楽しく遊べることに気がついていきます。また，友達と楽しく遊ぶためには，自分の思いどおりにならないことや，ときには自分のやりたい気持ちを調整していく必要があることにも気がついていきます。

保育者は，「こうするべき」ということを子どもに一律に求めるのではなく，個々の子どもや，その周囲の子どもとの関係性などの育ちの状況をていねいに把握し，一人ひとりの子どもの発達の見とおしをもちながら，「協同性」や「道徳性・規範意識の芽生え」などを育むことにつながる体験を積み重ねていけるように関わっていくことが大切になります。

（2）協同性の“芽”を育む体験

少し年齢がさかのぼりますが，ここで，協同性の“芽”のようなものを感じる1歳児のエピソードを見てみます。

〈事例〉 8-2

絵本と友達の顔を見て，すっぱぁい！

（１歳児クラス，９月）

１歳児のマイちゃんが，絵本を出し一人で読み始めました。すると同じ組の友達２人が近くに来て，その絵本をのぞき込むようにしました。

マイちゃんがページをめくると，絵本の登場人物が酸っぱい食べ物を食べているシーンがありました。登場人物がほっぺたに手をあてて酸っぱい表情をしている絵と同じように，マイちゃんは自分の手をほっぺたにあてて酸っぱい顔をしました。

すると，いっしょに見ていた友達の一人がマイちゃんのまねをしました。マイちゃんはその友達の顔を見て，笑いながらまた酸っぱい表情をします。２人が顔を見合わせてケタケタ笑いながら酸っぱい顔をしている様子を，もう一人の友達がにこにこしながら見ていました。

この事例からは，まだことばでのコミュニケーションが取れない乳児であっても，動きや表情などで身近な友達と気持ちを通い合わせている様子が見て取れます。幼児期の協同性の芽となる，共感能力がすでに表れている姿ととらえることができます。

子どもが，「協同性」や「言葉による伝え合い」などを身につけて，「協同的な学び」を実現できるようになるには，このように，幼いころから，人と関わるよろこびや心地よさなどをたっぷりと味わうことの積み重ねが大切になるのでしょう。

（3）自分たちの遊びの進め方を考える体験

年長組になると，気の合う友達といっしょに遊びのイメージを伝え合って遊びを進めていくようになります。遊びのイメージを共有しながら，思いや考えを伝え合い，いっしょに遊ぶ楽しさを感じることは，協同性を育む上で大切な体験になります。

遊びの構成メンバーの育ちにもよりますが，遊びのテーマは共有できても，遊びを進めていくなかでは，友達と思いや考えがぶつかることも少なくありません。自分の思いや考えを伝え合って遊びのイメージを共通にしていくことと同じように，友達と考えがぶつかったときに，どうしたら困難な状況を乗り越えて楽しく遊ぶことができるのかを考える体験も，協同性を育む上でとても大切な体験になります。

次の事例は，前述の事例8-1のユウタくんたちが年長になったときの，６月下旬の好きな遊びの時間に見られた姿です。

〈事例〉 8-3

じゃあ，クイズ２つにするのはどう？

（２年保育５歳児クラス，６月下旬）

ユウタくんたち５人の子どもたちが大型積み木で船をつくりました。前方が操縦席，後方がキャビンのような乗り場になっています。みんなで船に乗ってどこかの島に向かうイメージで遊びが展開されています。少しして，その場に魅力を感じたのか，サヤちゃんが「入れて」と言い，遊びに入りました。

ヒカルちゃんが「出発はカウントダウンで」と大きな声で言い，「10，９，８……」とカウントダウンを始め，出発する雰囲気になったのですが，サヤちゃんが「クイズを出したい」と言いました。そのことばを聞いた操縦席に座っているタカオくんが「クイズはなし！」と答えると，サヤちゃんが「クイズ，出したい」と自分の思いを主張します。いっしょに遊んでいるミキトくんが「クイズありがいい人？」「クイズなしがいい人？」とまわりの友達に聞くと，サヤちゃん以外の子どもは全員「なし」のほうに手をあげました。それを見たサヤちゃんは，「やだ！　クイズ，10問出したい」と一層大きな声で主張します。タカオくんが「そんなこと言っていると仲間になれないよ」と言い，まわりの子どもも困ったように黙ってしまいました。

意見がまとまらず遊びが止まってしまっている状態のなか，ユウタくんがサヤちゃんに話しかけ始めました。ユウタくんが「クイズを２問だけ出すってのはどう？」と言うと，サヤちゃんは「やだ！　じゃあ４問がいい」と答えます。ユウタくんは「４問だとなかなか終わらないよ」と言うと，サヤちゃんは「４問がいい！　船のなかで４問出す」と聞き入れません。

このやり取りを聞いているまわりの子どもは「4問も1問もなし」と譲りません。少ししてユウタくんが,「じゃあ,最初にクイズを4問出すのは？　最初にクイズを出してから出発すればいいじゃん」と提案しますが,サヤちゃんは受け入れられません。相変わらず「クイズ出したい！」と言い続けます。すると,これまであまり強く意見を言っていなかったコウジくんが,「みんな！」と大きな声を出しました。「みんなの心が,気持ちが合わないと出発しないよ」とまわりの子どもに聞こえるように言いました。

コウジくんの言葉を聞いて,みんなは一瞬黙りますが,その言葉を受けるような発言はなく,状況は変わらないまま時間が過ぎていきました。

この場面は,子どもたちにとっては,大きな危機に直面している状況といえます。自分たちの遊びがうまく進まない,いわゆる遊びにおける危機的場面ととらえられます。

年長児になると,遊びや生活のなかで,何か困った状況があると,互いに意見を出し合いながら,どうすればいいかを考えるようになります。しかし,6月ごろの年長児の育ちを見ると,まだうまくそれぞれの考えを調整することができず,遊びがうまく進まなかったり停滞してしまったりすることも少なくありません。

この事例のように友達の主張する考えを受け入れられない子どもや,多数決で解決しようとする子ども,また,みんなの心に響くようなことばを考えて,何とか遊びを進めようとする子どもなど,さまざまな姿が見られるのがこの時期の発達の姿なのでしょう。これらの姿一つひとつは,まさに「協同的な学び」の実現に向けて,必要な体験を積み重ねていっている姿ととらえることができます。「友達と考えがぶつかってしまってうまく遊べなかった」「なんか今日はおもしろくなかったな」などの気持ちを感じることも,次にはどうしたらよいかを考えるもとになる,育ちにとって意味のある体験になるでしょう。

保育者は，遊びがうまく進むように調整役になることを急ぎ過ぎず，子どもたちがその場面で何を経験しているのか，どのような学びを獲得しているのかをしっかりと見つめ，自分たちで何とか乗り越えようとしている姿を見守るゆとりをもつことも大切です。もちろん，一人ひとりの子どもの育ちの様子や，子ども同士の力関係，また，相手との関係性など，状況によって必要なときには，それぞれの思いや考えを橋渡ししたり整理したりすることばをかける援助を，タイミングよく行うことも大切になります。

年中児のときは，まわりから「ずるい」と言われても自分のやりたい役になり続けたユウタくんでしたが，この場面では，友達のやりたい思いをすべて否定するのではなく，何とか，自分たちの遊びのなかで，その考えが生かされる方法を考えようとしています。きっと，これまでの体験をとおして，協同性や道徳性・規範意識，ことばで伝え合う力などを育み，相手の気持ちを受け止めながら，いっしょに楽しく遊ぶためにどうすればよいのかを考えようとする姿につながったのでしょう。

自分たちの遊びをどのように進めるかは，一つの正解があるわけではありません。困ってしまうような状況に直面しながらも，遊びの流れはどうするか，遊びの場をどのようにつくるかなど，みんなで遊びのなかで生み出す約束事を共有していく体験こそが，協同的な学びといえるものなのです。

2 グループ活動と話し合い

園生活のなかでは，遊びや生活のさまざまな場面で，数人のグループで取り組む活動がさまざまな形態で行われています。ここでは保育者が意図的・計画的に学級全体の取り組みとして取り入れていく「グループ活動」のなかで見られる「協同的な学び」について考えていきます。

（1）グループ活動のなかでの話し合い

５歳児の秋を過ぎ，運動会を経験した子どもたちは，友達との関わりを深め，思いや考えを伝え合ったり，互いに力を出し合ったりしながら，いっしょに活動を進める楽しさや，共通の目的に向かっていっしょにやり遂げようとする育ちが見られるようになります。

５歳児の生活発表会に向けての取り組みのなかで見られた「協同的な学び」を積み重ねている様子を２つの事例から見てみましょう。

まずはじめに，11月下旬の事例です。

〈事例〉 8-4

ジャンケンで決めるんじゃなくて話し合いで決めるんだよ

（2年保育5歳児クラス，11月）

年長組では，12月上旬に行われる生活発表会に向けて，劇や人形劇などの表現活動を学級全体の取り組みとして進めていました。一つのグループは5～6人で構成されていました。その一つに，昔話を題材にした劇表現を行うグループがありました。そのグループでは，セリフを自分たちで考えて紙に書きためていました。

ある日，子どもたちは，セリフを書いてある紙を囲んで，自分はどのセリフを言いたいかを決め始めました。自分がどの役を行うかは，すでに決まっているので，そのセリフを言う役が一人しかいないものは，誰が言うかが次々に決まり，決まったセリフに自分の名前を鉛筆で書いていきます。しかし，同じ役が何人かいる場合は，その役の人が言うセリフについて，誰が言うかを相談しながら決めていくことになります。

残りが少なくなってきたセリフの一つを指差し，ユウキくんが「僕はここやりたい」と言ったときです。ナナちゃんが「ケンくんもそこやりたいって言ってたよ」と休んでいるケンくんの思いを伝えました。「どっちが言うか決めないと」とハルトくん。するとアヤちゃんが「ジャンケンで決めるんじゃなくて話し合いで決めるんだよ」と言いました。

5歳児の11月になると，気の合う友達だけでなく，クラス全体の友達との関係も深まってきます。気の合う友達との間でやり取りするような思いや考えの伝え合いのようにはいかないことも多いですが，クラスの友達と共通の目的をもって進めている活動のなかで，解決すべき課題に向けて話し合いをすることができるようになっています。

この事例でも，自分たちで考えたセリフを書いた紙が自分たちの目の前にあり，「セリフを言う人を決める」という明確な目的があるので，そのなかで課題が生じても，解決に向けてみんなで意見を出し合う経験をすることができています。

「ジャンケンでなくて話し合いで決める」という解決の方法を提案したアヤちゃんは，これまでの経験のなかで学んだ，ジャンケンよりもよい解決の方法だと考えたのでしょう。しかし，自分たちで話し合いで決めるためには，それなりの育ちが必要になります。

たとえば，一つのセリフを2人のうちどちらが言うかを決める場面で当事者に求められる力は，「自分がそのセリフを言いたい気持ちについて相手にわかるように伝える表現力」「相手の思いを聞いた上で，自分の考えを主張したり相手に譲ったりするなどの気持ちを調整する力」などがあげられます。また，そのやり取りを聞いて話し合いに参加する周囲の子どもに求められる力は，「当事者２人のやりたい気持ちの強さの理解」「その劇のなかで，２人が担当するセリフの量のバランスの把握」「前に譲ったり譲られたりしたことがある，などの当事者同士の関係性」などがあげられます。このような，さまざまな状況の理解があることで，話し合いの結果がみんなの納得するものになっていきます。

これまで，クラスのみんなで遊びや生活をともにしてきて関係を深めてきた仲間だからこそ，さまざまな状況を理解した上で考えや思いをことばで伝え合うなど，協同して課題を解決するために真剣に話し合いを進めていくことができるようになるのです。

次に，同じ生活発表会に向けて進めていた劇表現を行う別のグループの事例を見てみましょう。

〈事例〉 8-5

ノゾミちゃんなら描けると思う

（２年保育５歳児クラス，12月）

12月上旬，８名の子どもが劇表現に必要な衣装や大道具をつくり始めました。宇宙を題材にした物語を自分たちで考えて進めていたこのグループは，大きなロケットに乗って宇宙に行くストーリーを考えました。そして，ロケットを板段ボールでつくることにしましたが，形や色をどうするか，意見がまとまらずにいました。

それぞれに自分の考えを出して話し合いを進めているなか，あまり意見を出さないノゾミちゃんの様子に気がついたホノちゃんが「ノゾミちゃん，ロケットの設計図を描いてみたら？　ノゾミちゃんなら描けると思う。ねぇ，みんな」と言いました。するとほ

かの子どもも「ノゾミちゃん，お願い」と言い，ノゾミちゃんは「やってみる」と答えました。

ノゾミちゃんは，大きな板段ボールに，みんながおどろくような素敵なロケットの絵を描きました。その後，ロケットの色を何色にするか，ノゾミちゃんに聞いたり自分たちも考えを出したりしながらロケットをつくりあげ，自分たちの納得するロケットができた満足感を味わっていました。

この事例のグループ活動のなかでの話し合いからは，子どもたちの「協同的な学び」がさらに充実してきている様子が感じられます。

ノゾミちゃんは以前から，美しいものに感動する気持ちをもち，感動したことを絵画や製作で表現していました。一方，はじめて取り組むことには躊躇したり，友達の前で意見を発表することを避けようとしたりする姿が見られていました。担任は，ノゾミちゃんが豊かに表現している場面でともによろこぶなどして，機会をとらえてノゾミちゃんのよさを認める関わりを行ってきました。また，降園時の集まりのなかで，ノゾミちゃんの作品を発表する機会をもつなどし，クラスの友達にノゾミちゃんのよさが伝わるようにしてきました。

「ロケットの設計図を描いてみたら？」というホノちゃんのことばからは，ノゾミちゃんが絵を描くことが得意であることを認めている気持ちや，話し合いに参加できないでいる姿に気づき，ノゾミちゃんが参加できるきっかけをつくる優しさなどが感じられます。また，自分たちの活動にノゾミちゃんの力が生かされると，みんなもよろこぶだろう，という周囲の友達にも気持ちを寄せている育ちも読み取れます。

ホノちゃんの提案をきっかけに，友達のよさを認めたり，互いにアイデアを出し合ったりしながらみんなで力を合わせて一つのものをつくりあげていくことができました。このことは，ノゾミちゃんはもちろん，周囲の子どもにとっても一人ひとりのよさが生かされるうれしさを感じ，まさに，「協同的な学び」を経験することにつながったのではないでしょうか。

このように，５歳児の後半になると，遊びや生活のなかで困難な状況に直面しても自分たちで解決しようとするようになります。そのような，個々に力を発揮できる育ちと，友達と協同して何かに取り組む力の育ちを促すには，一人ひとりのよさや可能性を見いだして伸ばす，保育者の温かい眼差しが必要です。

この事例の保育者のように，日頃の遊びや生活のなかで見られるさまざまな場面をとらえて，一人ひとりの子どもが必要な体験を得られるようにていねいに関わったり，ほかの友達とは感じ方や考え方の違いがあること，それぞれのよさを認めることの大切さなどに，子どもたちが気づく機会を積み重ねられるようにしたりすることが大切です。

（2）グループ活動のなかで自分の役割を意識して動く

園生活のなかで，さまざまな体験を通して協同性を育んできた年長児です。１月の後半になると，一人ひとりの子どもが，クラス全体やグループでの活動の目的や課題などを自分のこととして受け止め，その達成に向けて自分はどうしたらよいかを考えたり，友達の言動を受け止め認め合ったりして，やり遂げようとする姿が見られるようになってきます。

次の事例は，そのような協同性の育ちが見られた，１月下旬の「鬼づくり」の事例です。

〈事例〉 8-6

自分で必要なことを見つけて取り組む

（２年保育５歳児クラス，１月）

２月の節分に向けて，年長組がクラスのみんなでどのような豆まきにしたいか考え，「去年の年長さんがつくったように，自分たちも大きな鬼をつくりたい」ということになりました。６～７人のグループに分かれて，自分のなかから追い出したい鬼を出し合い相談して決めていきました。

「めんどくさがりおに」をつくることに決めた７人組のグループが，段ボール箱を組み合わせて自分たちの背丈よりも高い鬼の体をつくりました。前日までに，顔と体を緑色に塗った子どもたちは，頭の上に２本の角をつけて，そのまわりに毛糸で髪の毛をつけ始めました。

レナちゃん「そっちにも髪の毛をつけて」，シンくん「いいよ」，エイジくん「はい，

テープあるよ」，シンくん「ありがとう」などと，台の上にあがって髪の毛になる毛糸をつけている友達にテープを切って渡したり，全体を眺めて髪の毛が足りないところを教えたりして，作業がスムーズに進むように，それぞれが自分は何をすればよいかを考えて動いています。

ナギサちゃんやリカちゃんは，毛糸を何本も同じ長さに切って，数本できるとレナちゃんたちに渡しています。少しして毛糸を切っていたナギサちゃんが，「そうだ，私は目をつくる」とつぶやき材料を取りに行きました。そして，材料をもって製作の場に戻り「私，目をつくるね」とまわりの子どもに言うと，「うん。お願い」という声が返ってきて，ナギサちゃんは楽しそうに鬼の目をつくり始めました。

いよいよ，幼稚園での生活もまとめの時期を迎えようとしている年長組の子どもたちです。グループで一つのものをつくる活動のなかでは，一つの目的に向かって，主体的に動いて取り組みを進めていきます。どのようにつくっていくかなどを相談しながらつくっていく場面もあるでしょうが，できあがりのイメージを共有できれば，相談をしなくても自分から必要となる役割を見つけて，主体的に力を発揮していく姿が見られてきます。

一人ひとりの子どもが，活動の目的や課題などを自分のこととして受け止め，その達成に向けて自分はどうしたらよいかを考え，友達の言動も受け止めながら自分の出し方を調整するなどの育ちが見られるようになっていきます。これまで積み重ねてきた「協同的な学び」のなかで育んできた「協同性」や「自立心」「言葉による伝え合い」などの「幼児期の終わりまでに育ってほしい姿」にかかる具体的な育ちが積み重なってきているといえるものでしょう。まさに，「幼児期に育みたい資質・能力」が育まれていることの表れととらえることができます。

演習　振り返り

1．以下の事例から，どのような資質・能力の育ちが読み取れますか？
「幼児期の終わりまでに育ってほしい姿」を手がかりに考えてみましょう。

年長組の子どもたちは，園で飼育しているモルモットの世話を４～５人のグループで毎日交代して行っています。

キョウコちゃんが飼育ケースの片面をもち，「ヒナちゃん，そっちもって」と言いました。ヒナちゃんは「わかった」と言い，飼育ケースの反対側をもち，２人でケースを洗う水道のあるテラスまで運びました。その後，キョウコちゃんがモルモットをやさしく抱えて小さな箱に移し，ケースに敷いてある新聞紙をヒナちゃん，ノノカちゃんといっしょに丸めました。ヒナちゃんが丸めた新聞紙をもって，ゴミ箱の近くにいたノノカちゃんに「ノノカちゃん，ゴミ箱のふた開けて」と言うと，ノノカちゃんが「ヒナちゃん，こっちこっち。落とさないように入れて」とゴミ箱のふたを開けました。

その間にタツトくんは，ケースを洗うために必要なたわしをグループの人数分もってきて，みんなに「はい」と言いながら渡しました。キョウコちゃんらは，「ありがとう」とたわしを受け取ると４人でケース洗いを始めました。

【参考文献】

・文部科学省（2018）『幼稚園教育要領解説』，フレーベル館．

・文部科学省（2021）「「個別最適な学び」と「協働的な学び」の一体的な充実に関する参考資料」．(https://www.mext.go.jp/a_menu/shotou/new-cs/senseiouen/mext_01317.html 2023年５月31日閲覧)

第Ⅳ部

人との関わりを支える保育者の役割と計画

人との関わりを支える保育者の役割

幼稚園・保育所・認定こども園において，子どもたちが「人と関わる力」を育むためには，保育者の温かいまなざしや，保育者との信頼関係，具体的な援助が必要不可欠です。本章では，この点を踏まえて，子どもたちが「人と関わる力」を育むために必要な保育者のさまざまな役割について事例をとおして学びます。

信頼関係を基盤に人と関わる力を育む

（1）乳児期（0・1・2歳の子ども）の関わり

保育所・幼保連携型認定こども園では，0歳児から入所・入園が可能です。食事・排泄など，生活のすべてにおいて大人の援助が必要な乳幼児期の子どもたちにとって，保護者のもとを離れて生活をするということは容易なことではありません。そのため，特定の保育者との緩やかな関わりのなかで愛着関係を結び，子どもが安定的に過ごすことができるように担当制を取り入れたりしながら，保育者は子どもにとって「信頼できる身近な他者」になっていくことが重要です。

保育者との信頼関係ができてくると，子どもたちは安心して探索活動を行うことができるようになり，発達とともに探索の範囲を広げていきます。探索活動のなかで出会うヒトやモノやコトが，子どもの健やかな成長を促し支えることになります。十分な探索活動を保障するためにも，子どもたちに常に温かいまなざしを向け，応答的な関わりを重ねていくことが保育者には求められています。

〈事例〉 9-1

はい，どうぞ①

（1歳児クラス，5月）

保育室の一角に設けられた「ままごとコーナー」にユミ先生を囲むように1歳児の子どもたちが集まっています。テーブルに広げられた食べ物，食器，フォークなどのままごとセットを目の前にして，子どもたちは目を輝かせながら，思い思いに触ったり口元にもっていったりしています。

ユミ先生が，野菜やハンバーグをお皿に乗せて「はい，どうぞ！」とソウタくんに渡すと，ソウタくんはうれしそうにお皿を受け取ります。そして次の瞬間，そのお皿をテーブルの上にひっくり返してお皿を空にすると、今度はソウタくんが空になったお皿に，ユミ先生の行っていたことをまねるように食べ物を乗せ，ユミ先生に「はい，どぞ！」とお皿を渡します。ユミ先生が，「ありがとう」と言って食べるまねをしながら「あ〜美味しい！」とソウタくんに言うと，ソウタくんはうれしそうに笑っています。

ユミ先生は，同じように「ままごとコーナー」にいたマコトくんに，今度は麵に見立てた毛糸をどんぶりに入れて「はい，ラーメンどうぞ！」と渡します。すると，マコトくんもうれしそうにユミ先生からラーメンを受け取ると，すぐにソウタくんと同じようにどんぶりの中身をテーブルに戻して，今度はマコトくんが，麵に見立てた毛糸を自分でどんぶりに入れて，ユミ先生に「はい，どうぞ！」と言って渡しています。ユミ先生から「ありがとう，美味しそう！」と言われると，マコトくんは体を上下に揺らしながらよろこんでいます。

このやりとりが複数回続いた後，マコトくんは保育室にいるマイ先生に「はい，どうぞ！」と言いながらラーメンの入ったどんぶりを渡しています。マイ先生に「ありがとう，美味しかった！」と言われると，体を上下に揺らしてよろこび，今度はそのラーメンをユキ先生に「はい，どうぞ！」と渡し，ユキ先生に「ありがとう」と言ってもらえると，満足げに「ままごとコーナー」に戻りました。マコトくんの様子を見ていたソウタくんもまねして，おかずの乗ったお皿を保育者3人に順番に渡す遊びを繰り返していました。

この事例では，ユミ先生が，ままごとコーナーに広げられた食べ物や食器などのモノに興味を示していた子どもたちに対して，お皿に食べ物を乗せて「はい，どうぞ！」と遊びはじめたことをきっかけに，最初は［自分—モノ］だった子どもの世界に人との関わりが生まれています。そして，ユミ先生との関わりによって，子どもたちの興味や関心は自分以外の人の行為にも向けられ，模倣遊びへとつながっていきました。

子どもたちは，繰り返し行われたユミ先生との「はい，どうぞ！」「ありがとう！」のやりとりに満足すると，さらに周囲に目を向けて，マイ先生とユキ先生に対しても自ら働きかける形で関わりをもち，遊びを広げていきました。ソウタくんをまねたマコトくんの行動からは，身近な大人だけでなく，友達に対しても興味や関心が向き，さらに対人関係も広がっていることがわかります。

「はい，どうぞ！」「ありがとう」の遊びに見られる受容的・応答的な関わりは，子どもたちの欲求を満たす遊びであると同時に，人と関わることの楽しさを味わう体験でもあります。このような体験が人と関わる力を育む基盤になるのです。

〈事例〉 9-2

はい，どうぞ②

（1歳児クラス，5月）

ソウタくんやマコトくんと保育者たちとのやりとりを見ていたリコちゃんは，お皿に果物をたくさん乗せてもじもじしています。マイ先生が，「リコちゃんも，どうぞ！したいの？」と聞くと，リコちゃんは恥ずかしそうにしています。

マイ先生はリコちゃんの背中にそっと手を添えて，「先生と一緒に行こうか」と声をかけ，ユキ先生のところまで一緒にお皿を持っていきました。リコちゃんがユキ先生に無言でお皿を突き出すと，ユキ先生は「リコちゃん，ありがとう！　とっても美味しい！」と笑顔で言いました。リコちゃんはうれしそうにニコニコしながら，「ままごとコーナー」に先に戻っていたマイ先生のところに帰って行きました。

この事例では，ユキ先生にソウタくんとマコトくんのように「はい，どうぞ！」をしたいリコちゃんが，自分ではなかなかきっかけをつかめずにいましたが，マイ先生の仲立ちにより思いを実現することができた事例です。ここでは，マイ先生がリコちゃんに心を寄せることで思いを受け取り，さらに，勇気を出して「はい，どうぞ！」をした先のユキ先生もリコちゃんの思いをしっかりと受け止めたことにより，リコちゃんが自分の世界を広げていく様子が描かれています。

この事例をとおして，乳児期の子どもが親しい人との人間関係をよりどころにして，自分の世界を広げていく際の保育者の役割について理解を深めましょう。

（2）幼児期（３歳以上の子ども）の関わり

満３歳以上の子どもたちは，保育者や周囲の人々の温かいまなざしと信頼関係を基盤にして，自分でできることが増えていくことによろこびを感じながら自立に向かいます。同時に子ども同士の関わりを深めていく時期でもあります。子ども同士の関わりから生まれる出来事は，大人との関わりでは得られない体験になります。子どもたちは，その体験をとおして友達と共感したり，自分の思いや他者の思いに気づいたりしながら，社会性や人と関わる力を培っていきます。その過程においては，うれしいこともあれば，我慢が必要な場面，葛藤する場面も出てきます。保育者は，常に子どもたちのそばにそっと寄り添い，共感したりはげましたりするなど「心の拠りどころ」としての役割を果たしながら，子どもの健やかな成長を支える必要があります。

〈事例〉 9-3

入院ってなあに？　結婚ってなあに？

（３歳児クラス，８月）

３月生まれのクミちゃんは，クラスのなかでは体が小さく，自分の気持ちに折り合いをつけることが苦手で，たびたび泣いたり暴れたりして自分の思いを訴えることの多い３歳児です。

この日のクミちゃんも，これといった理由も見あたらないなか，朝から泣いたり暴れたりして過ごしていました。午睡時，フリーのマキコ先生がクミちゃんをトントンしながら寝かしつけていると，見たことのない神妙な面持ちで「入院ってなあに？」とマキコ先生に聞いてきました。マキコ先生がクミちゃんにわかるように説明をすると，「ふーん」と言いながら何か考えているようでした。「誰かが入院したの？」とマキコ先生がたずねると，「ばあばが入院したんだって。今日，ばあばのところに行くんだって」とクミちゃんは答えました。「クミちゃんは，入院ってなんだろうって思って困っていたの？」とマキコ先生がたずねると「うん」とうなずきました。その後，「結婚ってなあに？」とクミちゃんは質問を続けたのです。

この出来事をクミちゃんから直接聞いたフリーのマキコ先生が，担任のユウ先生に伝えると，クミちゃんがそのようなことを考えていることに，とてもおどろいていました。ユウ先生はこの出来事を保護者にも共有して，クミちゃんを見守ることにしました。

この事例では，たびたび泣いたり暴れたりして自分の思いを訴えるクミちゃんが，普段とは異なる神妙な表情を見せた事例です。クミちゃんの事例からもわかるように，子どもの行動の背後には子どもなりのさまざまな思いが隠されているものです。いつ，どのような形で子どもの内面に触れることになるかはわかりません。だからこそ，常に子ども一人ひとりの内面にていねいに向き合おうとする姿勢が，保育者には必要なのです。ていねいに向き合った結果，同じ子どもであっても，そのときどきに必要な援助は変わってくるものです。

ここでは，クミちゃんに信頼できるマキコ先生の存在があったこと，そして普段とは異なるクミちゃんの姿を適切に共有することのできる信頼関係が，マキコ先生とユウ先生の間に存在していたこともポイントになります。

〈事例〉 9-4

本当は，やりたい

（5歳児クラス，11月）

リミちゃんは，クラスのなかでもお姉さん的な存在で，保育者にとってはクラスをまとめてくれる頼もしい存在です。ある日，お遊戯会の劇の役を決める際，２人の枠にリミちゃんを含めて３人が立候補をしたため，一人があきらめなければいけない状況になってしまいました。

ヨシコ先生の声かけにより話し合いが始まりましたが，３人ともに役への思いは強くなかなか決まりません。しばらくすると，リミちゃんが「違うのでいい」と言ってその役から降りることになりました。望みの役に就けた２人はリミちゃんに何度も「ありがとう」と言いながら，うれしそうにはしゃいでいます。

ヨシコ先生がリミちゃんに「本当にいいの？」と聞くと，リミちゃんは「いいの，違うのもやりたかったから」と答えました。ヨシコ先生は再びリミちゃんに「リミちゃんは，いつもお友達に譲ってあげられてすごいなって先生は思っているよ。でもね，もし自分が本当にやりたいことだったら，最後までやりたいって言うことも，お友達に譲ることと同じくらい大切だと，先生は思っているんだ。だから，もしリミちゃんが本当にその役をやりたいのなら，先生はリミちゃんを応援したいと思っているのだけれど，どうかな？」と伝えると，リミはしばらく考えてから「本当は，やりたい」とつぶやくように言いました。

ヨシコ先生は，クラスの子どもたちを集めて相談をすることにしました。「リミちゃんは，いつもお友達に譲ってくれてとても素敵だなと先生は思うんだけれど，みんなはどう思う？」とヨシコ先生がクラスの子どもたちに聞くと，子どもたちは口々に「えらいと思う」と言いました。

ヨシコ先生は続けて，「でも，リミちゃんはお友達に譲ってばかりで，本当は少し我慢をしているんじゃないかと思っているの。先生は，みんなと同じようにリミちゃんにも，やりたいことをやってほしいと思っているの。だから，みんなにも協力してほしいと思うのだけれど，どうかな？」と伝えると，子どもたちは「協力する！」と言い，役を取り合っていた２人の内の一人が，「○○の役をやっていいよ」とリミちゃんに譲ってくれました。

リミちゃんは，もじもじしながら「ありがとう」と友達に伝えると，ヨシコ先生のほうを見て，小さく笑いました。

この事例では，リミちゃんが自分の気持ちを我慢して友達に譲るという役回りが，クラス集団において常態化してしまっているなかで，ヨシコ先生との信頼関係を基盤にして，リミちゃんが自分の思いを認め，自分の思いに率直に行動をし始める姿が描かれています。

この事例を見る際の視点は２つあります。１つ目は「集団の育ち」の視点，２つ目は「個の育ち」の視点です。集団の育ちと個の育ちは，決して相反するものではありません。しかし，集団の育ちを優先した結果，集団が個の育ちを阻害したり，または逆に個の育ちだけに重点が置かれた結果，集団としての育ちが不十分になったりすることがあります。

事例においては，常にリミちゃんだけが我慢をして友達に譲ることによってクラス集団が成り立っているという実態がありました。この場合，個の視点を忘れて集団だけの視点でクラス集団を見ていると，自己主張だらけのまとまりのないクラス集団ではなく，むしろクラス集団としては譲り合いのできる思いやりのあるいいクラスのように見えてしまうことがあります。とくに保育者になって間もないころは，個人の育ちを大切にしたいと思っていても，担当クラスが崩壊していては保育ができませんから，ついついクラス運営に関わる集団の育ちにばかり気がとられがちです。しかし，上述のとおり集団の育ちと個の育ちのバランスが崩れた保育は，けしていい保育とはいえません。

事例では，リミちゃんの役回りがクラス集団において固定化されていることに気がついたヨシコ先生が，リミちゃんにそっと歩み寄り，内面の動きにていねいに寄り添うことで，リミちゃんは安心して自分の気持ちを認めて行動することができました。また，ヨシコ先生がクラスの子どもたちに対して，リミちゃんが自分の思いに素直に向き合うことができるように協力を依頼したことは，リミちゃんに対する援助の意味合いだけではなく，クラスの子どもたちにとっては，友達に対する理解を深め，思いやりの心を培う機会になっています。

この事例では，集団の育ちと個の育ちの視点をもって保育を行うことの重要性と，人と関わる力を育むためには，保育者が大胆に働きかけるような援助もときには必要であることを理解しましょう。

違いのよさを生かす集団の形成

集団を形成する上では，個人を尊重しながらも，互いを認め合い，人との関わりによって生まれる相互作用によって，互いに育み合えるような集団を目指すことが望ましいといえます。そのためには，互いの“違い”を“よさ”として生かしていくための保育者の役割を理解しておく必要があります。“違い”といっても，国や文化の違いから各家庭の習慣，個人の発達，経験の違いまでさまざまです。そのなかには，認識することが容易な事柄もあれば，難しい事柄もあるため，保育者は常に多角的な視点をもち，それぞれの立場からていねいに“違い”を理解していくことが保育者には求められます。また保育に関わる人のなかには，子どもだけではなく保育者や保護者も含まれることを意識しておくことが大切です。

本節の事例では，“違い”を生かす集団を形成するために必要な保育者の動きについて見ていきます。

〈事例〉 9-5

ことばが通じない

（3歳児・5歳児クラス，7月）

7月に3歳児クラスへ途中入園してきた外国籍のムーヤンくんが，製作活動の時間に保育室の窓から園庭を見て，何か言いながら泣いています。しかし，サトシ先生にもクラスの子どもたちにも，日本語の話せないムーヤンくんが何を訴えているのかわかりません。

そこでサトシ先生は，5歳児クラスにムーヤンくんと同じ国籍のリュウくんがいることを思い出し，5歳児クラスのミホ先生に相談をしました。相談を受けたミホ先生は，リュウくんに事情を説明して協力を求めました。状況を理解したリュウくんは，3歳児クラスに行き，泣いている小さなムーヤンくんの両肩に優しく手を置き，ムーヤンくんの口元に耳を近づけて話を聞いています。しばらくすると，リュウくんがサトシ先生の元に戻ってきて，「ムーヤンくんが外で遊びたい」と言っていると教えてくれました。

サトシ先生は，ムーヤンくんの話を受けて製作活動を早めに切りあげ，園庭で遊ぶことにしました。園庭遊びが始まると，ムーヤンくんは笑顔になり，元気に遊び始めました。

この事例は，途中入園の上にことばが通じないなかで，3歳児のムーヤンくんが自分の思いを必死に訴えているものの，サトシ先生にはムーヤンくんの思いを受け取る手立てが見あたらず，5歳児のリュウくんの力を借りることになったというものです。

途中入園や外国籍の子どものことばの問題は，保育における日常的な課題です。事例では２つの状況が重なり，ムーヤンくんへの負担がより大きなものになっていたと思われますが，たとえどちらか一方であったとしても，子どもへの負担が大きいことに変わりはありません。このような状況下では，いつにも増して子どもへの個別の対応とそのスキルが保育者に求められることになります。しかし現実的には，事例のように，常に保育者が適切な手立てをもっているとは限りません。そのようなとき，大切なことは保育者が自分一人で問題を解決しようとすることではありません。同僚の力を借りて解決することは当然のことながら，事例のように子どもの力を借りることも忘れてはいけません。

事例では，リュウくんの力を借りることで，孤独のなかでムーヤンくんが必死に訴えていた「遊びたい」という思いをサトシ先生は受け取ることができました。その結果，サトシ先生はムーヤンくんの思いを実現するために，製作を早く切りあげて，園庭遊びの時間を設けるという具体的な行動に移すこともできました。孤独と不安のなかにいたムーヤンくんにとっては，自分の思いを受け止めてくれる保育者と友達の出現が，その後の園生活に影響を与える出来事になったことは言うまでもありません。

さらに，このような出来事は，ムーヤンくんとサトシ先生の関係だけに留まるものではありません。ムーヤンくんの思いに優しく耳を傾けるリュウくんの姿は，周囲の子どもたちにとっては，友達のよさを知る機会になったことでしょう。そして，ムーヤンくんのように困っている友達がいたら助けてあげたいという思いやりの芽生えや，互いに支え合い，自分たちの力で安心できる環境をつくり出そうとする自立心を育てるきっかけにもなります。

ここでは，ことばの違いによって不安な気持ちを抱えていたムーヤンくんの出来事に対して，年齢やクラスを超えて向き合ったことにより，子どもたちにとっては困ったことがあっても，必ず周囲の人が助けてくれると思える体験になったことでしょう。こういった安心できると思える体験の積み重ねが，違いのよさを生かす集団の形成には必要不可欠です。

〈事例〉 9-6

ダンゴムシを踏み潰す①

（４歳児クラス，６月）

園庭で遊んでいた４歳児クラスの数人の子どもたちが，タクヤ先生の元に駆け寄り，「先生，大変だよ，来て！　ケンくんがダンゴムシを踏んで殺してる！」と深刻な表情で訴え，タクヤ先生の手を取るとケンくんのいる場所に連れて行きました。

タクヤ先生がケンくんのもとに到着すると，クラスの子どもたち６人が，ケンくんと踏み潰されたダンゴムシを囲んで，ケンくんを責めています。ケンくんは，何も言わずにうつむいています。タクヤ先生が子どもたちから話を聞くと，ケンくんがダンゴムシを見つけては踏み潰し始めたというのです。タクヤ先生がケンくんに理由を聞いても，何も話そうとはせずに黙っているばかりです。タクヤ先生は子どもたちに，踏み潰されたダンゴムシのお墓をつくってあげようと提案して，いったんその場を収めてみんなで保育室に戻りました。

この事例は，ケンくんが子どもたちに人気のダンゴムシを踏み潰すという衝撃の事件が起きた場面です。この時期の４歳児クラスの子どもたちは，よいこと・悪いことを意識しながら生活をすることができるようになってきます。

生き物を大切にするということをクラスのほとんどの子どもたちが理解しているなかで起きたこの事件は，クラスの子どもたちに衝撃を与え，ケンくんの行為は単なる暴挙として受け止められたようです。その結果，ケンくんの気持ちは誰からも聞かれることなく，ケンくんが友達から一方的に責め立てられるという形になったのでしょう。タクヤ先生は，ケンくんの気持ちを聞くことができていない状況下で，ケンくんの行為だけを取りあげて判断することを避け，ダンゴムシのお墓ををつくることで，いったんその場を収めています。

〈事例〉 9-7

ダンゴムシを踏み潰す②

（４歳児クラス，６月）

保育後，いつも温厚で生き物好きのケンくんがなぜそのような行動をしたのか納得がいかないタクヤ先生は，ほかの保育者にも相談をしました。しかし，ケンくんの意外な行動に，ほかの保育者もおどろくばかりで，真相につながる糸口は見つけられずにいました。

そこで，タクヤ先生はケンくんの母親に電話を入れて一連の出来事について話をしました。いつも温厚で生き物好きのケンくんが，理由もなくそのようなことをするとは思えないものの，行動の理由がわからずにいることを正直に伝えました。母親もケンくんの行動に心当たりがなくおどろいていましたが，何かわかったらすぐに連絡を取り合うことをタクヤ先生と約束して電話を切りました。

その日の夜，ケンくんの母親からタクヤ先生に電話が入りました。遅い時間ではありましたが，理由がわかったのですぐに知らせたかったとのことでした。母親が時間をかけてケンくんから話を聞きだしたところによると，「ダンゴムシは悪い虫だからやっつけた」とケンくんが言っているとのことでした。ケンくんの話を受けて母親は，ケンくんの祖父の営む害虫駆除の仕事が関係しているのではないかと考えたようです。ケンくんの祖父の仕事において，ダンゴムシは害虫とされているため，祖父の仕事にくっついていくことの多いケンくんにとっても，ダンゴムシは悪い虫として認識されている可能性があったのです。

翌日，タクヤ先生は登園したケンくんに「昨日は，ダンゴムシが悪い虫だからやっつけたの？」とたずねると，ケンくんは声を出さずに「うん」とうなずきました。タクヤ先生はその話をみんなにしてもよいかとケンくんに確認を取り，許可を得てからクラスの子どもたちに，前日のケンくんとダンゴムシの出来事を，ケンくんの祖父の仕事の内容にも触れながら話をしました。そのなかで，「害虫・益虫・不快害虫」という考え方があること，そしてそれらは言う人の立場の違いによって変わることがあることなどを，子どもたちにわかるようにていねいに伝えました。その後，この件で子どもたちがケンくんを責めることはありませんでした。

事例では，いつも温厚で生き物好きなケンくんがダンゴムシを踏み潰したことに対して，タクヤ先生はケンくんなりの理由があったに違いないと考えて，同僚や保護者を巻き込みながら，真相究明を行っています。ここでは，タクヤ先生のケンくんに対する信頼感が，タクヤ先生の判断と行動の支えになっていることがわかります。乳幼児期の子どもたちにとって，保育者との信頼関係が重要であることは，これまでにも述べてきましたが，子どもとの間の信頼関係は大人である保育者の行動の軸にもなります。

子どもとの間の信頼関係に支えられて，タクヤ先生がケンくんの行動の背景を探った結果，ケンくんの祖父の仕事が影響していることまでたどりつくことができました。ダンゴムシは子どもたちの大好きな生き物ですが，ケンくんにとっては害虫と認識されていたことなど，そう簡単にはわかりそうにない真実です。真実にたどりついたタクヤ先生は，その後，クラスの子どもたちに事件の真相を伝えるために，ケンくんの祖父の仕事内容に触れて，生き物を「害虫・益虫・不快害虫」と分類する考え方があることなどをていねいに伝えています。

ここで大切なことは，保育者が子どもとの信頼関係を軸にして，真相究明を行ったことに加えて，この事件を単によいこと，悪いことで片づけずに，集団としての深い学びに変えたことです。よいこと，悪いことについて考えて行動することは，領域「人間関係」においても取り扱う内容です。子どもたちが，ケンくんの行為を責めたことも，よいこと，悪いことを考えて行動することができるようになっているからにほかなりません。よいこと，悪いことを判断する力を培うには，日々の実体験から学ぶことが重要です。

事例9-6，9-7では，たまたま起きた事件から，ケンくんのもっているダンゴムシに対する価値基準が，ほかの子どもたちと違っていたことをタクヤ先生がクラス集団において生かすことで，自分にも考えがあるように，友達にも考えがあることや，一つの事実にも多様な解釈が存在することを学ぶ体験へとつなげています。子どもたちの生活のなかで起きる出来事を，常に集団の学びに生かそうとする保育者の意識と行動が重要であるといえます。

また，集団においては，ほかの人と違っていることが排除されるのではなく，保育者の温かいまなざしのもと，違いが尊重される体験を積み重ねることで，集団に対する信頼感が生まれます。違いのよさを生かす集団の形成においても，子どもと保育者の信頼関係が重要なのです。

地域の人との関わり

子どもの生活は，園（幼稚園，保育所，認定こども園）のなかだけで行われるものではありません。多くの子どもたちの１日は，家庭生活から始まり，園生活を経て家庭生活に戻っていきます。その間に，地域の公園や図書館などの施設を使用したり，地域の小中学生や高齢者の方，商店街の人など，園外の多様な人々と関わったりしながら過ごしています。

子どもは，ヒトやモノとの関わりのなかで対人関係を広げ，その広がりが子どもの新たな興味や関心を引き出すことになります。園外に出向く散歩などは，子どもたちが新たなヒトやモノやコトとの出会いを体験する場になります。保育者は，常に子どもたちを取り巻く地域の環境に目を配り，子どもに出会わせたいヒトやモノやコトを把握しておく必要があります。また同時に，保育者は子どもの生活が，家庭や地域社会との連続性の中で営まれていることを考慮する必要があります。

次の事例では，保育者が子どもの健やかな育ちを支えるために，子どもと地域の人との関わりにおいて，どのような役割を果しているのかについて見ていきましょう。

〈事例〉 9-8

八百屋さん

（１歳児・２歳児クラス，１月）

お散歩コースの途中にある八百屋のご主人は，いつも子どもたちに声をかけてくれます。ある日，「おはよう！　今日は，大きな白菜があるよ。もってみるかい？」と言うと，子どもたちの体の半分くらいありそうな大きな白菜を店先からもってきてくれました。子どもたちもアキ先生も，白菜のあまりの大きさに興味津々です。子どもたちは，八百屋のご主人に助けてもらいながら，代わるがわる白菜をもってみては，「もてた！」とうれしそうにぴょんぴょんと飛び跳ねています。それを見た八百屋のご主人が，「じゃ，この白菜をみんなにあげちゃおう！　今の時期の白菜はおいしいぞ！」と言って，大きな白菜をプレゼントしてくれました。

みんなで保育所まで白菜をもち戻った後，さっそくアキ先生は給食担当のミサキ先生に相談をして，次の日の給食のメニューにその大きな白菜をおかずとして追加してもらうことにしました。翌日，アキ先生は子どもたちに「白菜の季節だから，白菜がとっても美味しいね！」と言いながら，白菜が大きくて重かったことや，八百屋さんのことを話しながら，みんなでおいしく白菜をいただきました。この出来事は，大きな白菜をもった子どもたちの写真と，ミサキ先生の白菜レシピとともに，保護者にも伝えられました。

数日後，保護者からの連絡ノートには，「子どもとお散歩をしていたら，大きな白菜をくれた八百屋のご主人に会えたので，子どものリクエストに応えて，我が家でも白菜を買ってミサキ先生のレシピでおかずをつくりました」というメッセージが書いてありました。

この事例では，１歳児と２歳児がお散歩コースで出会った八百屋のご主人との関わりをとおして，地域と園と家庭が接続されています。八百屋のご主人にいただいた大きな白菜を次の日の給食で食べたことにより，子どもたちの地域における体験は園生活に接続され，さらにその体験を家庭と共有することにより，子どもたちの体験は場を超えて連続性をもつことになりました。連続性をもつということは，子どもたちの日々の体験が一過性のものではなく，積み重ねることのできる体験になることを意味します。生活の連続性と体験の積み重ねは，子どもたちの健やかな成長を支える上で

重要なポイントです。

ここでは，地域との関わりが子どもにとってさまざまな出会いと貴重な体験の場になることを認識した上で，保育者の専門性として，子どもたちに「どこで」「何に」「どのように」出会わせたいか，「どんな」体験を積むことが適当かについて，保育者がしっかり考える必要があることを理解しましょう。さらに，同僚や家庭との情報共有は子どもの生活に連続性をもたせるだけでなく，子どもの安全を守る観点からも重要なのです。

演習 振り返り

1．事例9-1～9-4を参考にして，信頼関係を基盤に人と関わる力を育むために必要な保育者の専門性を考えてみましょう。

2．事例9-5～9-7を踏まえて，①子ども間に存在する「違い」とはどのようなことが考えられますか？　また，②違いのよさを生かす集団の形成には，保育者のどのような働きかけや配慮が必要だと考えますか？

①

②

3．事例9-8を参考にして，子どもたちが地域の人と関わることで得られる体験を，園生活と家庭生活において連続的に扱った事例を考えてみましょう。

【参考文献】

・青木久子・磯部裕子監修, 友定啓子・青木久子著（2017）『領域研究の現在〈人間関係〉（幼児教育知の探求16）』, 萌文書林.
・厚生労働省（2018）『保育所保育指針解説』, フレーベル館.
・咲間まり子編著（2018）『保育実践を学ぶ保育内容「人間関係」（第２版）』, みらい.
・塚本美知子編著（2019）『対話的・深い学びの保育内容　人間関係（第２版）』, 萌文書林.
・内閣府・文部科学省・厚生労働省（2018）『幼保連携型認定こども園教育・保育要領解説』, フレーベル館.
・無藤隆監修, 岩立京子他編（2018）『事例で学ぶ保育内容〈領域〉人間関係』, 萌文書林.
・文部科学省（2018）『幼稚園教育要領解説』, フレーベル館.

第10章 人との関わりを支える保育者の計画

領域「人間関係」は，人との関わりに関する領域です。

保育の場は，子どもたちがさまざまな感情体験を積みながら，人との関わり方を学び，人として成長していく場であるとこれまでの章で学んできました。本章ではこれらをうけて，日々の保育のなかで保育者が子ども同士の関係をどうつないでいくか，どのような場面設定を大切にし，環境を整えていくべきかなど，各年齢の発達段階に即した保育計画について考えていきたいと思います。

また，コロナ禍をきっかけに急速に活用され始めたICT（情報通信技術）。2045年には，AI（人工知能）が人間の知能を超えるともいわれています。日常生活では，すでにたくさんの製品にICTが活用されているように園の業務においても，今後は活用場面が増えていくと推測されます。将来の保育現場を見据えて，園内での生かし方も合わせて探ってみましょう。

1 教材・保育環境を考える

（1）コミュニケーションの始まりは人に興味をもつことから

心のある人間が人として育つには，人との関わり合いなしには考えられません。母親に生理的微笑で働きかけることから，社会的微笑へつながり，信頼できる大人を目や動きで追い，ともに過ごす仲間に視線を送る姿がまさに関わりの原点そのものです。生まれながらにして備わっている能力を保育のなかで歪めたり，封じたりせず，ありのままの形で引きだしていく，さらに豊かに育てていくために，保育の場があり，保育者の存在があると考えたいものです。

マイちゃんの「だいじ～」

（0歳児クラス，1月）

1歳7か月のマイちゃんは，いろいろなことに興味・関心を示します。じっと見て，手に取り，他者の姿からたくさんのことを学び，自分の力にしていきます。今日もマイちゃんは，ブロックを手に取り長くつなげて遊んでいると，カラーボールを穴の開いた箱のなかに落とし入れることを繰り返していたユウタくんの遊びに目が留まりました。

マイちゃんの手は，ユウタくんの使っていたボールに伸びていきます。そしてあっという間に2つ3つもカラーボールを懐に抱え，遊びの主はすっかりマイちゃんになりました。ユウタくんがボールを取り返そうものなら「だいじ～」といって，背を向けます。「うっ，う～ん！」と不満そうな声をあげるユウタくんですが，それ以上のことはせずに様子をうかがいます。

ボールを手に入れたマイちゃんは，直前まで遊んでいたブロックを第3者が使い始めているのに気づくと，あわててボールを放り投げ，ブロックのところに戻ります。先ほどよりも大きい声で「だいじ～」と叫んでいました。投げ出されたボールは，その瞬間を見逃さなかったユウタくんの手に再び戻ることになりました。

常にまわりをよく見て生活しているマイちゃんは，友達が遊んでいるものが「楽しそう」と思うと行動に移す積極的な一面があります。自分の思いをまっすぐ表現できていてすばらしいことですが，自分の取った行動で相手が悲しい気持ちになっていることには，まだ気づいていないようです。0歳児クラスでは，よくある光景です。

そんなとき保育者の関わりとして，「マイちゃんのじゃないでしょ。返してあげなさい」といってしまえば簡単です。実はマイちゃんの「だいじ～」には，「(お友達が使っているものを) 使ってみたいのよ～，だから手放しません」の思いの「だいじ～」と「私がつかっていたの～，だから返して～」の思いの「だいじ～」と２つの気持ちがあったと読み取れます。それは声のトーンが物語っていました。そして「マイちゃんは，すぐ手を離すだろう」と日ごろのやり取りのなかから推測していたユウタくんの冷静な対応も見事でした。

この事例の場合，ユウタくんの“タイミングをみて奪われたおもちゃを取り戻す”ということで一件落着しましたが，いつもそうとは限りません。マイちゃんの度重なるこのような行動にはじめは，「ぽか～ん」と取られっぱなしだったカナちゃんは，今や涙でマイちゃんに「それは，悲しい～」を訴えるようになりました。ミノルくんは，絶対手を離さず，マイちゃんのほうが「使いたい～」と泣き叫ぶこともあります。そんなときは，「マイちゃん，これは○○ちゃんが (○○くんが) 使っていたのよ。返して～っていっているね」と状況説明と相手の気持ちを伝えると同時に，「みて，みて，○○ちゃん (○○くん) のお顔……」と相手の表情を見て感じるように伝えます。そして「マイちゃんも使いたかったのね」「ほら，ほら，ここにも同じものがあるのよ。こちらはどう？」などマイちゃんの思いを受けとめながら提案するようにします。即納得する場合もあれば，「でもほしかった～」と涙が止まらないこともあります。保育者は，ティッシュペーパーでそっとマイちゃんの涙を拭き，落ち着くのを待ちました。

このようなやり取りを日常的に繰り返しながら，マイちゃんは相手の気持ちに触れる機会を多くもっていきました。周囲の子どもたちも自分をしっかり主張し，ときには泣いているマイちゃんに別のおもちゃを届けたり，「もう使っていいよ」と後から渡す行為が生まれたり，ティッシュを届けてなぐさめたりとさまざまな感情を抱きながら行動に移す姿が見られました。もちろん立場が逆転することもあります。涙を流す友達の姿をみて，マイちゃんがいち早くティッシュをもって駆けつけたり，頭をなでてなぐさめたり，ときには抱擁しようと両手を広げてみたり。自分がしてもらって，心地よかったことは他者にも返したくなるのも当然の姿でしょう。

このように自分の気持ちや相手の気持ちを確かめ，どうしようかなと考える間が日常生活のなかにあることで，心の育ちが大きく変わってくるわけです。生まれて１年ほどしか経たない子どもたちでも，人との関わり方をしっかり考え，学ぶ能力が備わっています。それを生かせる環境があるかないかは，保育者がどう子どもの傍らに存在するか，それ次第なのです。

おやつ事件：ユイちゃんの葛藤①
—自分で決める，自分の気持ちと向き合う—

（１歳児クラス，５月，６月）

①５月29日：ひと口おやつの時間

一人１個のひと口クッキーをもっと食べたいと思うユイちゃん。お皿には遊びに夢中で食べにきていないカナちゃんの分がのっています。「これはカナちゃんの……」と保育者が言うのが早いか，ユイちゃんの手が早いか，ユイちゃんの手には，しっかりクッキーが握りしめられていました。「あっ，それはカナちゃんのなんだけれどなぁ……」「カナちゃんにどうぞってしてくれるのかな？」と保育者がつぶやくものの，しばらく考えてからユイちゃんは，「パクリ！」とクッキーを口に入れました。

保育者は，「あ～，食べることにしたのね」「どうしよう……カナちゃんのおやつなくなっちゃった。困ったなぁ」とつぶやいた後，一部始終を見ていた２歳児女児２人に「調理室にいって，くださいしてきてくれる？」と声をかけました。

②６月23日：数週間後，同じくひと口おやつの時間

クッキーを１個，口に入れて，もう１個を握りしめているユイちゃん。今度は目の前にミキちゃんが困った顔をしています。「ミキちゃんも食べたいな～」「ミキちゃんのなんだけれどなぁ」「ミキちゃんの気持ち伝わるかなぁ」とミキちゃんと保育者のつぶやきを聞きながら，ユイちゃんは考えます。

そのユイちゃんの前で待つミキちゃん。しばらく考えてユイちゃんは，「ハイ！」とミキちゃんにクッキーを自分から返すことに決めました。

この２つの事例は，入室したばかりの１歳児の姿を時系列で追ったものです。自分の気持ちに正直なユイちゃんの葛藤と気持ちの変化がうかがえます。大人は，即解決（答えを出すこと）がよいことだととらえがちです。子どもの気づきや納得を待たずに「かして」「いいよ」とか，「ごめんね」「いいよ」とか，「順番」「かわりばんこ」など言葉やパターンで解決することが，果たして真の解決といえるのでしょうか。時間やその後の友達や先生とのやり取りをとおして，さまざまな感情体験があって納得すること，気づくこと，決断することもあるはずです。

次に，この事例を見ていた（観察実習中）学生の考察をまとめました。

おやつ事件：ユイちゃんの葛藤②
―実習生の日誌より―

①ユイちゃんは，本当はカナちゃんの分で食べてはいけないものとわかっていたから，カナちゃんのおやつをもってから食べるまでに時間があったと考えた。保育者もその気持ちを受け止め，ユイちゃんが葛藤している姿を見守っていた。

ユイちゃんは結果的には食べてしまったが，保育者が怒ったり，取り返したりせず，見守ることで子どもの気持ちを尊重していて，子どもの気持ちを受け止め，見守ることの大切さを感じた。また，ユイちゃんを怒るのではなく，まわりの子どもを巻き込んで協力して解決することで，協調性やおやつをとってきてくれた子どもも達成感を味わえるのではないかと思った。誰かが嫌な思いをするのではなく，何かを得られるような援助をすることの大切さを感じた。

②このエピソードでは，直接的な援助は声かけのみで保育者はユイちゃんがクッキーを返すのを待っていた。ユイちゃんは，ミキちゃんのクッキーを取ったが，すぐに食べることはしなかったので，これはミキちゃんのもので本当は返さなければいけないことをわかっていて，頭のなかでどうしょうかと考えていたのではないかと考えた。

そのため，保育者の優しい声かけをしながら待つという援助が，ユイちゃんの自分からクッキーを返すという行動を引き出したのではないかと感じた。また，「伝わった～」というミキちゃんの表情がとても満足している様子で印象的だった。自分の思いを伝えること，その思いに相手が応えてくれたことをよろこんでいるように感じた。経験をとおして学ぶとは，こういうことを指しているのだと思った。

生活場面のあらゆるところに子どもが育つための教材は落ちています。それを育つためのよい機会ととらえ，大切にするかどうかは保育者の子ども理解・解釈の幅，まなざしや姿勢によって変わってきます。実習生は，そこをよくとらえているといえるでしょう。

(2) コミュニケーションツールとなる絵本

① 保育者に読んでもらう体験から生まれたやり取り――0歳児

絵本『くだもの』（平山和子作，福音館書店）が大好きなマイちゃんとカナちゃん。

保育者のところにもってきては，膝の上に座って一対一で見ることもあれば，数人の子どもたちと囲んでみることもありました。保育者がパクッと絵本のなかの果物を食べるまねをして，どうぞと口元にもっていくと子どももパクッと食べるまねをします。ある日のこと，保育者なしで絵本を見ていたマイちゃんとカナちゃんが，保育者を介さず「どうぞ」「パクッ」のやり取りを繰り返していました。大好きな絵本，親しみのある絵本を一緒に見ることから生まれる自然な関わりでした。

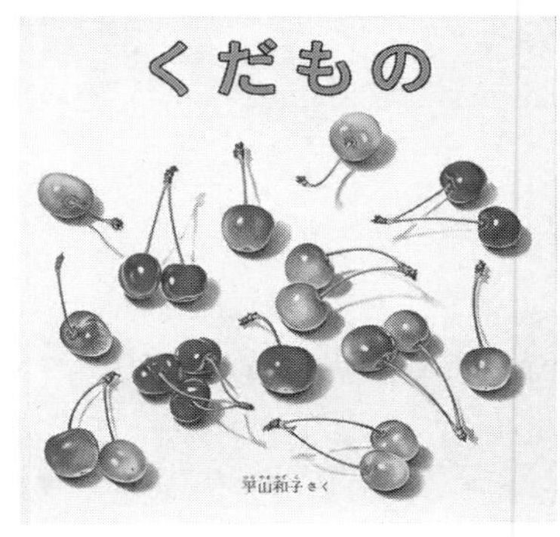

② おおかみと七ひきのこやぎの絵本をとおしての関わり――1歳児

ままごとをしていたマリ子ちゃんのところに入りたくなったキミ子ちゃんが近づくと，「キミちゃんは，だめ～」と言ってマリ子ちゃんが拒みました。保育者が「トントントン，お母さんだよ！　あけておくれ」と声をかけると，先日読んだ絵本を思い出し，「ふふっ」と笑い，「どうぞ」と言うマリ子ちゃん。

グリム作，フェリクス・ホフマン絵，せたていじ訳（1967）『おおかみと七ひきのこやぎ』，福音館書店．

そのやり取りを見ていたキミ子ちゃんは，続けて「トントントン，キミちゃんですよ！　あけておくれ」と間髪入れずにやってきます。マリ子ちゃんに「どうぞ～」と言われ，自然に仲間入りを果たしました。

自分の遊びを守りたいがために，近づく人をすべて「ダメ」と排除してしまう姿は，1歳児にありがちの姿です。決してその子が嫌なわけでもなく，“自分はこれをしているから触ってほしくない，邪魔をしないで”という心配な気持ちからくることが多いです。相手が邪魔するつもりもないとわかったら受け入れたりするので，その気持ちに共感しながら，お互いに構えず受け入れられる方法を示すことも保育の一つです。

③ おおきなかぶの絵本をとおしての関わり——２歳児

保育者が食事前にテーブルを運ぼうと絵本の「うんとこしょ　どっこいしょ　○○ちゃん　助けて〜」というフレーズを口にすると，みんなが呼ばれることを期待し，保育者から発したことばが仲間を呼ぶことばとなり，食事に向かう気持ち，仲間を誘う気持ち，うれしい気持ちが広がります。また，このやり取りは食事のときだけに限らず，保育のあらゆるところで楽しめます。

A・トルストイ再話，内田莉莎子訳，佐藤忠良画（1966）『おおきなかぶ』，福音館書店．

④ ３びきのやぎのがらがらどんの絵本をとおしての関わり——４歳児

一本橋を渡って遊んでいるとき，保育者が「だれだ〜，おれ様の橋をガタゴトさせる奴は〜」とトロルになりきって声をかけると，「俺だ〜，一番小さいヤギのガラガラドンだぁ〜」と声を張りあげるアイ子ちゃん。するとそのやり取りを見ていたまわりの子どもたちが，アイ子ちゃんをまねて「ガタゴトガタゴト」と言いながら次々と一本橋を渡り，やり取りに参加してきました。

仲間とともに読んだ絵本の世界を遊びのなかで再現して，楽しい時間を共有しているのです。時間の共有は，子どもたちの関係も深めていきます。

マーシャ・ブラウン絵，せたていじ訳（1965）『３びきのやぎのがらがらどん』，福音館書店．

（3）集団ゲーム・わらべ歌遊びをとおしてつながる

保育のなかで子ども同士の関係をつなぐために意識的に取り組む遊びがあります。しっぽとりや鬼ごっこのような集団ゲーム，わらべ歌遊びがそれにあたります。いずれも日本古来から伝わる伝承遊びでもあります。

① しっぽとりや鬼ごっこから学ぶこと（人間関係にあてはめて）

・周囲の人とコミュニケーションをとり，関わり方を学ぶ。
・全体を見渡しながら予測したり観察したりするなど判断力を養う。
・協力し合って遊ぶことの楽しさを味わう。
・鬼ごっこを通して遊びのなかでルールを学んでいく。
・友達とのふれあいイメージを共有し一体感を感じとる。

〈事例〉 10-4

しっぽとり① しっぽを取ることを極めるまで！

（幼稚園３歳児クラス，10月）

はじめて「しっぽとり」をクラスのみんなで経験して以来，毎朝「せんせい，しっぽとりしたい」と言ってくるコウタくん。「やりたい人～」と声をかけ，数名集まると，早速保育者がしっぽをつけて始まります。保育者についているしっぽを取ること，保育者を追うことを日々楽しむようになりました。

保育者を追うしっぽとりも回数を重ねると「僕もしっぽつけたい」「私もしっぽつけたい」と立場を変えて，逃げることを楽しむようになります。子どもがしっぽをつける側になると，追われることに「ドキドキ感」が生まれ，何とか逃げ切ろうとしたり，何とかしっぽを手に入れようとしたりとお互いに必死になります。コウタくんは，身体を押さえつけてでもしっぽを取ろうとし，挙句の果てには，服を引っ張ってしっぽを取ろうとし始めました。そのたびに「コウちゃん，イヤ！」と泣いたり，悲鳴をあげたり，コウタくんの行動に対する苦情が続出するのです。

「これじゃあ，楽しくなくなっちゃうね。どうする？」と，保育者は子どもたちと1日を振り返ったときの話題とし，クラスの仲間でそれぞれの思いを共有していきました。「押したり，引っ張ったりはなしにして，しっぽだけ取ることにしよう」とユウキくんが言うとみんながうなずき，うさぎ組のしっぽとりのルールが一つ明確になりました。それ以来，コウタくんのしっぽの取り方に変化がみられるようになりました。相手の身体を触らず「シュッ」とすばやく引き抜く技を磨いていったのです。「コウちゃん，すご〜い」とみんなの注目を浴びながら，コウタくんみたいにカッコよく取ろうとする子どもたちが増えていきました。

入園して生活が落ち着き，個々の遊びが充実してくると友達の姿に興味をもつ時期がきます。また仲間関係を固定化せず，新しい関係が生まれることへの期待もあり，鬼ごっこをクラスで経験することも保育計画の一つです。しっぽとりから学ぶことは，以下のとおりです。

1. 保育者につけたしっぽを取る（追うこと，取ることのおもしろさ）。
2. 自分もしっぽをつけてみたくなる（立場を変えてみたい）。
   トラブル：身体を押さえつけてしっぽを取ろうとする。服を引っ張って，しっぽを取ろうとする（取られた側，悲鳴，泣き）。
   ↓
   解 決 策：しっぽのみ引っ張る案が生まれる（ゲームがレベルアップ＝より楽しくなる）。
3. ほとんどの子が取る側も取られる側も，それぞれの立場を楽しむようになる。

〈事例〉 10-5

しっぽとり②　しっぽをつけたがらないコウタとユウキ

（幼稚園３歳児クラス，11月）

しっぽとりのルールができ，しっぽを取る技を磨いていったコウタくんとユウキくんでしたが，しっぽをつける側（追われる側）には，一向になろうとしない姿がありました。それでもしっぽをつける側がいないとゲームが成り立たないことはわかっていたので，コウタくんは，かって出ることもありました。しかし取られそうになると自ら先に取ってしまう，または手でしっぽを押さえて取られないようにするなどしていました。そうなると「それじゃぁ，つまらない」と言う子どもたちが出てきます。

ある日のこと，しっぽ取りに参加する子どもがどんどん減って，保育者のみがしっぽをつけ，すぐにゲームセットとなりました。しっぽをつける人が極端に少ないとおもしろくないことに気づいたユウキくんは，自らしっぽをつけて走り出し，取られまいと身体をひねりながら逃げる技を身につけていました。一方，コウタくんは，変わらず手でしっぽを押さえながら逃げ，それぞれの姿が見られました。

ユウキくんの姿から取られたくない，負けの意識が人一倍強い，究極の追い込みからは逃れたい，強そうで弱い一面がうかがえます。そんなユウキくんが変わるきっかけとなったのが，しっぽをつける人が保育者のみで，ゲームがすぐ終わってしまったときでした。勇気を出して，一つ壁を乗り越えたわけです。繰り返し行うことで，ルールが整理され，子どもの心が変化し，よりゲームが楽しくなっていったのがわかります。

コウタくんは，まだまだしっぽを押さえて逃げていましたが，しっぽから彼の手が離れたとき，彼の心もまた大きく成長することが見込まれます。集団遊び，鬼ごっこを楽しむなかで，相手の気持ちに気づくきっかけとなり，自分を見つめ直し，安心しきった関係性において折り合いのつけ方を仲間の力を借りて学んでいっています。

次に鬼ごっこの事例をみていきましょう。

〈高おに・氷おに・ドロケイ〉

・高おに――高いところに逃げたら，鬼はタッチできません。低いところに降りたときにタッチをし，鬼が交代するという鬼ごっこです。

・氷おに――鬼にタッチされると凍って動けなくなり，仲間がタッチすると溶けて動けるようになる鬼ごっこです。

・ドロケイ――泥棒（ドロ）と警察（ケイ）に別れて，それぞれ陣地をもちます。ドロは，ケイに捕まらないように逃げたり，隠れたりしながら，警察陣地にある宝を盗み，泥棒陣地までもっていきます。宝が泥棒陣地に入ったら，ドロの勝ちです。

〈事例〉 10-6

高おに

（4歳児クラス，5月）

年少児のころは母子分離がなかなかできなかったユウタくんでしたが，仲良しの友達ができて，年中児に進級するころには遊びそのものに気持ちが向くようになってきていました。なかでも「高おに」が大好きで，園庭の中央にある築山の上を安全基地とし，

①常に上にいる＝つかまらないという安心感のもと参加する。②「キャー」と言って登り下り（上下の動き）の繰り返しをすることで，つかまるかもしれない「ドキドキ感」，緊張と弛緩を楽しむようになるなどの段階を経て，高おにを好きな遊びとして自分のなかに位置づけてきました。

ユウタくんと同じように高いところにあがりっぱなしで，ときどき降りてきてはタッチされる前に再び登るという動きを繰り返す子どもが多くなり，「鬼が変わらないからつまらない」と訴えてくる子どもが出てきました。保育者は重大事件としてその声を拾い，ユウタくんをはじめ，他児に伝えることで「10数えている間に場所を移動しないといけない（10秒ルール）」というルールが子どもたちから生まれました。

この段階にまでくると，さすがのユウタくんも避けてばかりいる自分からの脱却を選択し，タッチされても，またタッチすればいいという気持ちをもちながら，鬼交代を楽しめるようになりました。

ほかにも「氷おに」からは，氷になったり溶けたりしながら“助け合いの気持ち”を遊びながら得ることができます。ドロケイをとおして，子どもたちで作戦会議をしたりして（ドロ〔泥棒〕：二手に分かれて攻める，おとり役をつくる。ケイ〔警察〕：宝を守る人とドロを捕まえる人と役割分担など），仲間との密なやり取りが生まれてきます。

〈事例〉 10-7

ドロケイ

（５歳児クラス，４月）

ユウキくんは，登園してくるとすぐに部屋に置いてある宝の積み木をもち出し，友達に「ドロケイやろうぜ」と声をかけ庭に出ていくことが日課になっていました。保育者にはラインを引いてほしいと伝えるのみで，あとはすべて自分たちで行っていました。

しばらくすると鬼にタッチされたユウキくんが「イタイだろ！」と怒る声がしました。ユウキくんは，そのまま鬼ごっこをやめ，園庭の隅に行き，あとを仲良しのコウタくんが追いかけていっていました。

高おには，鬼と自分の一対一の関係の鬼ごっこであるのに対し，ドロケイはチームで闘う鬼ごっこです。さまざまな鬼ごっこを経験していくなかで，発達段階に合わせて子どもたちもスリルを求め，頭を使うこと，仲間と力を合わせることに達成感を求めていきます。

事例10-5の高おにをとおしてユウタくんの心の変化が描かれ，次の事例ではタッチされたことを受け入れられなかったユウキくんの葛藤が見られました。ユウキくんは友達のコウタくんの存在が救いの手となり，遊びに戻っていきましたが，ドロケイを通じて自己主張・自己抑制，そして遊びを続けていくために必要な他者理解も体験的に学ぶことにつながっていくといえます。遊びながら，問題にぶつかり，ルールが整理されていきます。人との感情のぶつかり合いも相手があるから生まれる感情であり，人として成長していくための大切な経験です。

② わらべうたから学ぶこと

わらべうたは，乳児のころから身近な大人と心を寄せ合い，触れ合って心地よさを感じることができ，関係性をつなぎ深めていく教材の一つです。「ちょちちょちあわわ」が一対一のわらべ歌とするならば，「かごめかごめ」「はないちもんめ」を代表とする集団で楽しむものと大きく２つに分かれます。

わらべうたを保育に取り入れることを理論的に勧め，自ら広めてきた近藤信子は，「触れ合うことによって，愛されていること，自分の存在の大切さがわかります」「鬼になって孤独を味わうことも大切で，ひとりで心細くてもあえて先生は付き添わないほうがいいのです。ひとりになっても，そのあとすぐに仲間になれるという安心感をもって孤独を体験させることも必要です」「また，好き嫌いに関係なく，遊びの中でいろいろな人と手をつなぐことによって嫌いな人を受け入れるようになります」といっています。

〈わらべうたのポイント〉

・日ごろ関わりが薄い仲間とも関わるきっかけとなる。
・遊びのなかで自然に触れ合える。
・孤独を味わうことの意味，感情体験を膨らますことになる。

〈わらべうたの紹介〉

♪うさぎ　うさぎ

【遊び方】

・椅子に座って円をつくる。
・うさぎ役の子ども一人を決める。
・うさぎ役は円の内側に立ち，友達の前を拍に合わせてはねてまわる。
・「はねたぴょん」でとまった前の友達とうさぎ役を交代する。
〜繰り返し〜

譜例　うさぎ うさぎ

♪おちゃをのみにきてください ➡楽譜と歌詞は次頁

【遊び方】

・「おちゃをのみにきてください」で相手の友達を探す。
・「はい　こんにちは」でお互いにお辞儀をする。
・「いろいろお世話になりました」で手をつないで回る。
・「はい　さようなら」でお辞儀をして次の友達を探しに行く。
　〜繰り返し〜

♪くまさん　くまさん ➡楽譜と歌詞は次頁

【遊び方】

・「くまさん　くまさん」で手拍子４回。
・「まわれみぎ」で腰に手をつけ，その場で歩いて回る。
・「りょうてを　ついて」で２人が向き合い両手を叩き合う。
・「さようなら」で別れのあいさつをする。

※多人数では

・内輪と外輪の二重の輪をつくる。
・内，外のペアでしぐさをし合い，最後の「さようなら」のあいさつで輪をずらし，
　となりの人とする。
　〜繰り返し〜

譜例　おちゃをのみにきてください

譜例　くまさん くまさん

うさぎ　うさぎのわらべ歌

（３歳児クラス，９月）

保育者が「今日は先生，うさぎさんに変身するよ」「みんなはお膝をポンポンと叩いて先生うさぎさんの応援してくれる？」といって，子どもたちが座っている前を「うさぎ　うさぎ」の歌に合わせて跳ねました。子どもたちには，自分の膝を両手で拍打ちをしての参加です。

「ぴょん」のところでアイ子ちゃんの前となり，保育者は止まりました。アイ子ちゃんの膝をタッチしながら「やってみる？」とたずねると，アイ子ちゃんは恥ずかしそうに首を横に振ります。「じゃぁ，また先生やるね」といって，同じことを繰り返していくと，子どもたちも予測ができるようになり表情がほぐれていきました。

次にヨウタくんの前で保育者が止まりタッチすると，ヨウタくんは得意げに前に出て保育者と交代します。ヨウタくんは，仲間の歌と拍打ちにあわせて，ときどきふざけて転がって，陽気なうさぎを披露しました。「ヨウタくんて，おもしろいね」，その後に続いて交代したユウジくんに対しては「ユウジくんのジャンプ，かっこいいね」など，子どもたちなりに姿を見て感じたことを口にしていました。

事例のようにクラスのみんなで取り組むことで，友達の存在を意識したり，特徴(持ち味）に改めて気づいたりと仲間を知るよい機会にもなります。また，遊び方の例でも示しましたが，はじめ仲良し同士で組んでいたとしても繰り返していくうちに２人組が変わり，偶然的な出会いやふれあいがもてることがおもしろくもあり，仲間

関係の広がりにつながっているといえます。

以上のように保育にわらべ歌を取り入れることは，不特定多数（自ら特定しない，限定しないという意味において）の人と人とのつながりをもつきっかけとなりうるわけです。

ICTの活用とは

世の中で乳幼児期の保育の重要性が認識されるようになり，子育て支援政策や幼児教育・保育に対する予算案の見直しなどがさまざまな形で行われています。にもかかわらず，保育者の社会的地位は大きく変わらず，それどころか保育者の離職率の高さが問題視されています。離職の理由，1位，2位を示しているのが，過剰業務と職場の人間関係とされています。そのような状況のなか，業務の負担軽減策として，近年注目されているのがICTを活用した保育です。

（1）保育におけるICTとは

ICTとは，Information and Communication Technologyの頭文字をとった略語です。日本語では「情報通信技術」と訳されます。インターネットが世の中の当たり前のツールになって，デジタル化された情報が世界中を飛び交うようになりました。そうした情報技術を活用しながら人とインターネット，さらには人と人とがつながる技術あるいは状態のことをICTと表現します。

保育におけるICT化は，パーソナルコンピューター（PC），タブレット，スマートフォンといった機器やインターネット，ソフトウェアなどのシステムを上手く使いながら，保育者の負担を軽減させ，かつ保育の質をあげていくことをねらいます。

（2）デジタルカメラを活用したドキュメンテーション

① 保護者と共有するドキュメンテーション

デジタルカメラによる撮影後，プリントアウトしてコメントをつけて保育室などに掲示します。その日のうちに保護者に子どもの様子を伝えるための情報ツールです（写真①）。

子どもの心身ともに安定した生活を保障するためには，園生活と家庭生活が分断されるのではなく互いの生活を共有し，つながっているものである必要があります。そのためには，保育のあらゆる場面を保護者と共有する必要があります。その日にあった出来事を口頭で話すこともありますが，写真を活用し視覚に訴えることも子どもの様子をわかりやすく伝える方法といえます。たまたま同じ時間帯にお迎えにきた保護者同士，写真を一緒に見ることで交流も生まれます。また，我が子と見ることで，親子の会話が増えることにもつながります。

写真①　ドキュメンテーションの例

ポイント：子どもといっしょに見られるように低い位置に貼る。可能な限り写真にはコメントをつける。

② 保育者間の共有のためのドキュメンテーション

クラスの枠を超えて園の全保育者で子どもの姿を共有し，ウェブ式に図面化しておくことで，子どもの姿が一瞬でとらえられ，興味がどこに向いているか，どう広げていけるか，計画を立てる上でも有効活用できます。保育者の話し合いのツールとして，そしてウェブ型保育計画としても使えます。また，それらは自由度の高い指導計画にもつながっていくでしょう（写真②）。

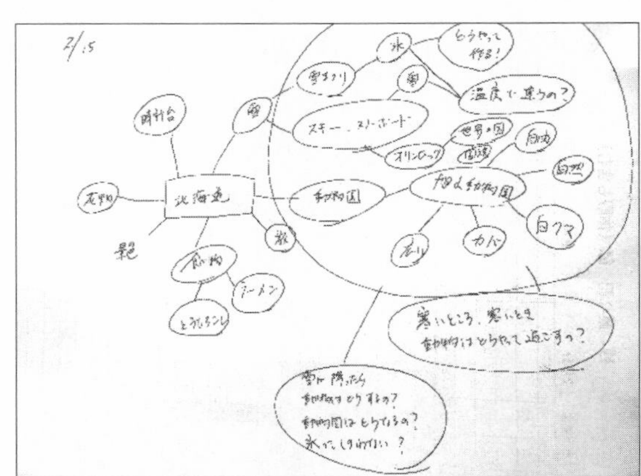

写真②　ウェブ型保育計画の例
──冬家族旅行で北海道に行った子どもの体験談から話が広がり，子どもたちの興味・関心がどこに向いているか見えてきます。この間，バケツにできた氷を削って「ゆきまつりだ」とよろこんでいる姿を見たというほかの保育者の情報も保育計画を立てる上で重要となります。

保育は一人で抱えるのではなく，保育者間で考え合えることで質の担保・向上につながります。そのためには対話のある保育者集団をつくることが大切です。対話が自然に生まれる環境としても，エピソードつきのドキュメンテーションを職員室や職員休憩室などに貼り，積極的に取り入れていく方法も考えていくとよいでしょう。

③ 子ども用のドキュメンテーション

５歳児クラスになるとドキュメンテーションを効果的に活用できます。保育者といっしょに作成したり，保育者が作成したものをいっしょに見ることで，遊びの目的が定まったり広がったりして，友達と情報の共有ができます（写真③）。

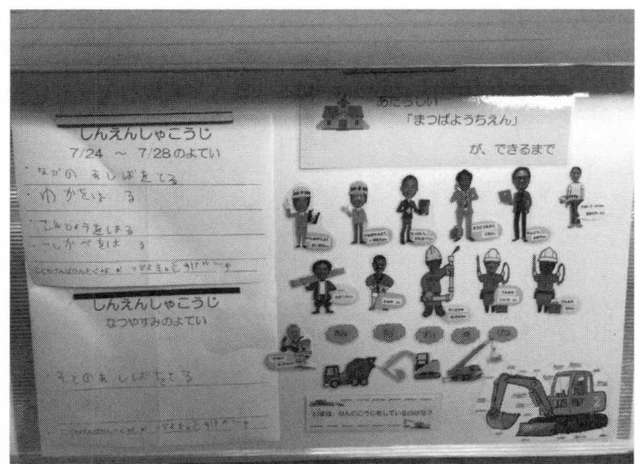

写真③　子どもと保育者で作成したドキュメンテーション

（３）タブレットやパソコンを使用して子どもの興味・関心に応えていく

子どもの経験をより主体的・対話的にするための道具として，保育のなかでタブレットの活用の仕方を考えてみたいと思います。ICT機器は，小学校教育に比べて保育のなかでの活用がなかなか進まないのが現状です。なぜならば，乳幼児にこそ直接体験，アナログであるべきだという考えがあるからでしょう。

確かに室内で座って机に用意されたタブレット画面を，長時間一方的に子どもが見ている姿を想像すると，心身の健康被害も懸念されます。そのことに関して秋田喜代美は，「大事なことは，先にICTありきでなく，遊びや暮らしのふとした瞬間に生まれた子どもの疑問や思い，つぶやきを支える道具の１つとして，アジャイルに活用できるという可能性を，皆で共有・探求し，動き出し，創っていくのが良いのではないかということです」と述べています。つまり保育者が今日は，これをさせようと小学校教育のようにあらかじめ課題を用意して一斉に取り組むのではなく，あくまでも子どものわくわくする気持ちが湧きあがるようなタイミングでの活用が好ましいわけです。

写真④　タブレットを使用した取り組み

そして個人の道具として使うのではなく，みんなで１台の機器を使うことで，対話が生まれます。子どもたちの興味・関心を深めていく，探求していくためのツールの一つとして，柔軟に保育で生かしていくことが，これからの保育の新たな取り組みといえます。

（4）写真を用いたクラスだより

子どもたちの姿を写真と合わせて電子媒体のクラスだよりなどで保護者に知らせることで，子ども理解（子どもってこうやって育っていくのか）・保育理解（そんなとらえ方があるのか）が明確に伝わります。

紙ベースのおたよりとは違いデータ保存できるため，ソーシャルネットワークサービスのアプリなどを利用した保護者への一斉送信も可能になります。しかし，その利便性の高さの一方，誤送信には細心の注意をはらう必要があります。

思いを感じ取って生活しています

箱車を巡っての取り合いは、保護者会でもお話したように様々なドラマを生んでいます。2人で乗る(a)ことで納得することもあれば、一緒に押す(b)ことで楽しくなることも有ります。時には"これも押せるよ"と別の箱を押す(c)、乗り手と運転手とそれぞれになる(d)等色々な姿が見られます。でもまだまだ、絶対譲るもんかと主張を力で押し切る姿も当然あります。主張は大切なことです。でもあまりにも強引すぎるときには、子どもにとっても感じることがあるようです。ある日のこと…A君が押していた箱車をB君も使いたくなり、取り合いが始まりました。「ひぃ〜!!」と悲鳴をあげながらもしっかり箱車を握る[illegible]、A君の力が入れば入るほど、負けじと力をぶつけるB君。力比べとなりました。そこへ、その状況をよ〜く見ていたCちゃんがB君の背中をポンと叩きにきました。まるで「や・り・す・ぎ！」を伝えているかのよう。客観視できる仲間の存在が関係を繋いでくれていた瞬間でした。

(a) (b) (c) (d)

Dちゃんと E君は、早めに寝て午後共に過ごすことが多い2人です。E君が眠くなり、ベッドでクールダウンしていると…傍でDちゃんが、ベッドの柵の間から手を入れます。そして、保育者の子守歌に合わせて、ベッドを優しく、トントントン…♪E君の眠たい気持ちに寄り添ってくれるDちゃんでした！

みんなよりちょっぴり早くに午睡から目覚めたB君、ぐっすり眠っているA君が早く起きてこないかな〜と待ち望んでいます。「(お)はよー」「(お)はよー」と声をかけます。それでも起きてこないとわかるとB君は、D君がお気に入りの車のおもちゃをお布団に並べて…友だちの好きな物よくわかっています。

日々の子どもの姿から、小さいながらも友だちのことをよく見て、相手の気持ちを感じているのだなぁと感じさせられます。毎日一緒に生活している仲間は、一番の理解者なのかもしれません。これからもそんな子どもたちの姿を大切にしていきたいと思っています。

2020. 12

● 図1　０歳児クラス12月のクラスだより抜粋

（5）保護者会，行事映像の配信

コロナ禍を経て社会に急速に普及したZoom，Microsoft Teams，Google Meetsといったオンラインミーティングソフトを利用した保護者会，行事映像の配信も幼稚園や保育所などで行われるようになってきました（写真⑤）。

これらの利点は，保護者が時間さえ合えばどこからでも保護者会に参加できたり，用事があって参加できなかった行事の様子を後から確認できたりする点です。前項同様に利便性が高い一方，部外者への情報流出といったセキュリティ対策を園で事前に考えておく必要があります。

写真⑤　うたの会の動画配信

3 指導計画の理解と評価

日々の保育を振り返り，それを明日の保育につなげる，いわゆる「子どもの姿から始まる保育の計画」が重要視されています。計画ありきではなく，あくまでも目の前の子どもたちの興味・関心に即したものでないと計画は意味を成さない，下手すると保育者主導の「させる」保育に傾いてしまう危険性もあります。

保育者が計画を立案するなかで，子どもの姿を予測し，その計画とは違った予想外の展開になった場合，その姿を受け入れ，柔軟な対応が求められます。計画どおりに「できた」「できなかった」ことの評価ではなく，「そこで生まれたこと」「起きたことの意味」「学んだこと」を振り返ることが大切です。そのように考えると保育の計画は，自分で振り返ることに意味があり（PDCAサイクル*1），さらに保育を同僚全員で可視化し，語り合いのもとになるような指導計画，まさに生きた指導計画を作成することが重要といえます。子どもたちの人間関係を育む指導計画を作成し，それを見て話し合うことより，保育者間の人間関係（同僚性*2）も育っていきます（次章参照）。

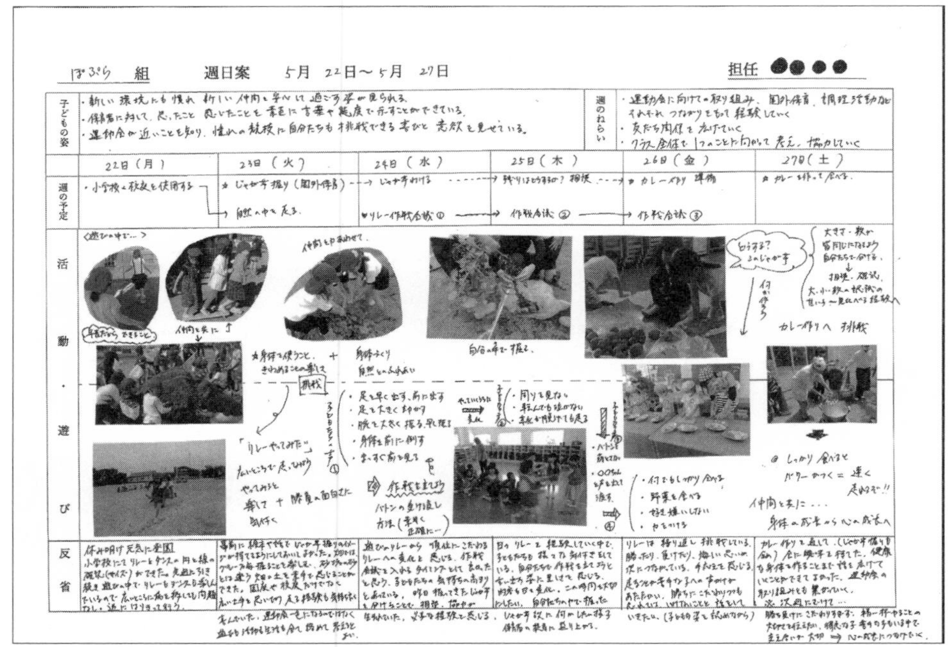

● 図2　保育の計画の例

＊1　PDCAサイクルとは，Plan（計画），Do（実行），Check（評価および振り返り），Action（改善）を繰り返すことで保育の質の向上をはかるための概念です。

＊2　同僚性とは，職員同士が保育のプロとしての自覚をもち，尊重し合いながら，連携・協力して保育を展開する状態を指します（佐藤学（1998）『教師というアポリア―反省的実践へ―』，世織書房にて定義されています）。保育所保育指針では「第５章　職員の資質向上」にあたります。

前述のとおり，記録を保育者全員で共有し，保育を考え合うことで，保育の質の向上をねらうためにウェブ式・デザインマップ（週日案），ドキュメンテーション（おたより・連絡帳），ポートフォリオ（個人記録・発達記録）を活用して記録の整理を行うことが，園内の人間関係の育成（組織マネージメント），広くは働き方改革にもつながっていくと考えられます。

演習　振り返り

1．ブロックで遊んでいる１歳児，２歳児，３歳児，４歳児，５歳児のそれぞれの姿を記録し，人との関わりについてどのような違いがあるかまとめてみましょう。

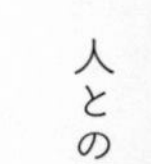

人との関わりを支える保育者の計画

2．友達との関わりが広がりそうな絵本を探してみましょう。

3．鬼ごっこから学ぶこと（人との関わりに焦点を置いて）を年齢別に考えてみましょう。

【参考文献】

・(2022)『保育ナビ』４月号，フレーベル館.
・(2022)『保育ナビ』５月号，フレーベル館.
・(2022)『保育ナビ』８月号，フレーベル館.
・(2023)『保育ナビ』１月号，フレーベル館.
・秋田喜代美，宮田まり子，野澤祥子編著（2022）『ICTを使って保育を豊かに―ワクワクがつながる＆広がる28の実践―』，中央法規出版.
・近藤信子（2001）『日本のわらべうた』，福音館書店.
・本間雅夫，鈴木敏朗（2002）『わらべうたによる音楽教育』(改訂版)，自由現代社.
・無藤隆，大豆生田啓友編著（2019）『子どもの姿ベースの新しい指導計画の書き方』，フレーベル館.

第11章

日々の保育を支える人間関係

人との関わりに関する領域である「人間関係」で，幼稚園教育要領，保育所保育指針，幼保連携型認定こども園教育・保育要領（以下「要領・指針等」と表記します）で求められている内容を実践していくためには，「同僚性」と「協同性」が求められます。職場でお互いを尊重し，励まし合うことのできる人間的な関係である「同僚性」によって，保育者同士が支え合い，協働するなかでお互いに高め合っていくことができます。また，保育者と保護者とが力を合わせる「協同性」によって，子どもの成長しやすい環境が生まれます。本章では，「同僚性」および「協同性」という2つのキーワードを，一つの事例をとおして理解していくことを目指します。

ここで紹介する事例は，ある園で行われた「保育を紡ぐ会」（以下，「紡ぐ会」と表記します）で検討された保育者のエピソード記述です。なお，事例に出てくる子ども（カタカナ表記）や保育者（ひらがな表記）はすべて仮名です。また，エピソード記述の理解を補うため，カッコで内容を追記したところもあります。倫理的配慮のため，事例の大筋を逸脱しない範囲で若干修正を加えた箇所があります。

まず，保育者（ゆき先生）の描いたエピソードが提示されます。エピソードの背景，エピソード，そしてエピソードに関する省察を読み終わった後に，エピソードに関するディスカッションが始まります。読者のみなさんもその場に参加していることを想像しながら，あなたならどのような意見・感想・質問をするのか考えてみてみましょう。

ごめんなさいする　―サキの頭のなかは？―

（２歳児クラス、６月）

〈背景〉

２歳児クラスの６月のエピソードである。私は０歳児から担任をしており，現在は20人の子どもたちと４人の保育者でいっしょに生活をしている。

サキ（２歳９か月）は，月齢の割にはしっかりしていて，クラスで最初におむつからパンツのトイレトレーニングへとスムーズに移行した。１歳児クラスの終わりころから，同じクラスのリマといっしょに過ごすことが多く，いっしょにいて心地よい関係にはなっているようだが，お互いによくしゃべるようになり，端から見ているとけんかしてるようにも見える。お互いが自分の思いを伝えてイメージを共有する姿も多く，何だか，２歳児とは思えないこともある。

〈エピソード〉

（３時の）おやつ後，タケが，「先生，タケくんも（先生みたいな）スリッパほしい」と伝えてきた。「スリッパかあ。どうやってつくる？」と言いつつも，この日は誕生会もあり，いっしょにつくっていく時間もないので，子どもたちが絵を描いていた紙を使って，ささっとつくって，「ここにテープ貼って，こんな感じでどう？」とタケとやりとりをしていると，まわりの子どもたちもやってきた。目の前で紙を切ったり，テープを貼ったりしてスリッパをつくっていくとうれしそうに履いてる子がいた。そこへ，「サキもほしい～」とサキがやってきた。ほかの子よりアピール力が強く，「わかった，○○ちゃんの次ね」と言っても，猛アピールするサキだった。

ようやく（スリッパが）できあがって，早速，履いて歩いていくサキ。ロフトのほうにも行き，少ししたところで，スリッパをポーンと投げ捨てて「もういい」とサキ。その姿にあっけに取られた。遊んでみたけど，すぐにやめることはよくあることなのだが，ほかの子を差し置いてでも猛アピールしていたサキの姿は，ほかの子が脱いでそのままほかの遊びをしている姿とは違って，なんだかそのままにしたくなかった。

そのため，「サキちゃんがほしいって言ってたから先生はつくったのに，そんなふうに捨てたら，先生は嫌。そんなふうなら，サキちゃんがつくってって言っても，もうつくりたくない」と強く伝えた。すると，私の強い口調に声をあげてサキは泣き出した。それにもかかわらず私は，「泣きたいのは先生のほう。せっかくつくったのポーンと捨てられたら，嫌」と，２歳児相手に思いを伝えた。逃げ道のなくなったサキは泣いている。泣いて終わらせたくないと本当は大人気なく思いながらも，サキの回復する時間も必要と思って私は離れた。

少しして誕生会があるため片づけをすると，サキも場面が切り替わったことで誕生会に参加した。その姿は，いつもと変わらないように感じた。そして20分ぐらいしてサキの迎えの時間になり，サキとのスリッパの出来事を母親に話していると，その話をじっと聞いているサキだった。

次の日，登園したサキの母親から，「昨日，ずっとモヤモヤしていたみたいで……」と昨日の家での話を聞き，（朝に）連絡帳を見ると「ごめんなさいする」と言っていたとか……。私はとてもおどろいた。やったことを“しまった”と思うだけで十分だと思っていたので，母が話をして謝るように伝えたのかとも思った。しかし，いつも登園するとすんなり遊び出すが，この日はずっと私にからみついている。もちろん，母親が気にしたことでサキと話をしたのだろうが，朝ずっと私に引っついている姿からは，サキも何らかの思いがある。言いたいことがあるけど，言い出せないという様子に見えたので，抱っこして「先生にお話があるの？」と声をかけるが，にこにこにこにこ……。しばらく抱っこしていたが，言い出せない感じなので，「後にする？　遊んでこよっか」と声をかけると切り替わり，外に出かけた。

１日過ごしている様子はそんなに気にしている感じでもなかったが，３時のおやつ後に，ロフトでクラスの子どもたちとゴロゴロしてるときに，「サキちゃん，もうすぐ帰る時間になっちゃうよ。なんかお話あるんだっけ？」と声をかけると，にこっと笑って「ごめんなさい」と言うサキに，「いいよ」と抱っこしてぎゅーうとすると，うれしそうに笑った。

〈ゆき先生の省察〉

２歳児相手にこんなやりとりをするとは思ってもみなかった。サキの姿は私の予想を遥かに上まわっているものだった。今回は，私の大人げなさもかえりみる必要はあるが，保育者もともに過ごしているなかで，保育者の思いも伝えていくことは必要だと思っている。また，トラブルも，いつも保育者が入ることがよいこととは思わないし，泣いたからこちらの話を理解しているというとらえもよくないが，流してしまわないことは大切なのだとサキの姿から感じた。

２歳児はぐんと大きくなる時期であり，やりとりができておもしろいときである。子ども同士のけんかも多いこの時期の子どもたち。言葉でのやりとりも多くなっているので，自分の思いを言葉で話そうとするが，まだ上手に話せないことも多い。そんなときは，相手の思いややってしまったことに気づいてほしいという思いで伝えることも多い。もちろん保育者に言われたことで，怒られていることに対して泣くこともあるため，自分のしたことをしまったと感じているのか，ただ保育者の対応に対して泣いているだけなのかは見極めが難しいところである。

また，月齢差も大きいため，“しまった”という気持ちにまではいかない子に，あれこれ言い続けたり，謝らせたりすることも次につながっていくわけではないため，その子に応じた対応が大切である。保護者へ子どもの姿を話す際にも，成長過程をいっしょに共有していけるように話し方も気をつけていかなくちゃと思うが，なかなか難しく，一方的になっているものも考えていかなければならない。

以上がエピソードになります。みなさんはこのエピソードをどのように読み解きましたか。求めていたはずのスリッパをポイッと放り投げたサキにどのように関わり，声をかけていくのでしょうか。そこにマニュアルどおりの答えはなく，保育者一人ひとりの考えや思い，願いが表れてくるところで難しくもおもしろい場面です。

このエピソードについてのディスカッションを紹介し，第１節では，保育を読み解いていく上で働いている「同僚性」について，第２節では，保育者と保護者との「協同性」から生まれる保育について検討しましょう。

1 保育を読み解くプロセスで働く「同僚性」

保育の場で同僚として働くことになるのは，各クラスの保育者や園長，主任だけでなく，給食の調理師や看護師，事務職となります。そのなかでもっともコミュニケーションをとっていくのが，同じクラスを担当する保育者になります。同じ子どもたちを受けもち，協働していくことが欠かせない存在です。

ゆき先生と同じクラスの２歳児担当のみゆ先生は，このエピソード記述をどのように受け止めたのでしょうか。紡ぐ会でのみゆ先生の語りを以下に取りあげます。

（1）心の動きをいっしょに考える —みゆ先生の語りから—

① みゆ先生の語り

サキに限らず，取り合いとか何かあったときの（子どもへの）声のかけ方がすごく難しくて。それが子どもに伝わっているのかっていうのが，毎回，不安です。つい，私は，「ごめんなさい」を言わせたくなってしまう。「ごめんなさい，言える？」みたいなふうに最終的に言ってしまうのがどうなのかなと思ってて。それを１回，ゆき先生に相談したら，「ごめんなさい」だけが先に言ってしまって，自分がだめだったというのがしっかり心になかったら意味がないっていうのを，ゆき先生と（以前に）話して。本当，そうだなと思いました。

こうやって，サキみたいになかなかごめんなさいが言えなくても，遊び方とか行動で，「あ，しまった」っていう顔をする子もいれば，なかなか次の遊びに踏み出せないってことはだめだって思えたんだっていう。そういう子どもの行動にまで目が行くようにしていきたいなっていうのを，常々，思っていて。このエピソードを見て，サキは前の日にお母さんとお話をしたのもあるかもしれないけど，だめだったっていうのがちゃんとわかって，次の日，過ごせてたんだなっていうのはすごく感じました。

② 同僚といっしょに保育を考える

みゆ先生の語りにあるように，子どもに「ごめんなさい」を言わせたくなってしまう思いが，私たちの内面で動くことはよくわかります。それが教育やしつけとして必要なのだという考えを持ってしまうと，「ごめんなさい」を言わせることが最終的な目標としてしまう保育を目にすることもあります。しかし，子どもに「ごめんなさい」と言わせて一番すっきりするのは大人側なのではないでしょうか。もめごとなどがあった後に，「ごめんなさい」っていう言葉を聞くと，そこでもめごとが解決し，物語が完結したような錯覚に陥ります。

日々の保育のなかで，「ごめんなさい」を言わせてしまうことに疑問をもっていたみゆ先生が，同じクラスのゆき先生に相談するなかで，子どもの姿からその子の心に何が残っているのかをくみ取れるようにしていくことが大切という視点をもつようになりました。そのため，このエピソードを読み取っていくみゆ先生には，日常において出会っているサキの心の動きをみていこうとする姿勢があると考えられます。

同じクラスで協働する保育者との間で，保育に対する考えや子どもへのアプローチの違いに悩んでしまう場合はもちろんあるでしょう。そのとき，保育者がお互いに遠慮して自身の意見を言わないのではなく，また，自身の思いをぶつけすぎて対立を起こすのでもなく，同じく担当している子どもの姿から対話することをとおして，子どもの心の動きをいっしょに考え，とらえていこうとする姿勢の大切さがわかる語りでした。

また，同じクラスの保育者だけでなく，ほかのクラスの保育者も，もちろん同僚です。クラスが違うからほかのクラスの子どものことを知らなくてよいというわけでは決してありません。子どもからすればどの保育者も先生であり，園に在籍する子どもについて保育者はできる限り知っていくことが求められます。

このサキのエピソードは，ほかのクラスの保育者からはどのように受け止められたのでしょうか。このエピソード当時，４歳児を担当していた，くるみ先生の語りを紹介します。

（2）保育観の拡がり　―くるみ先生の語りから―

①くるみ先生の語り

２歳の子がずっともやもやして，そのことがあったことを忘れずにいれるのが純粋にすごいなと思いました。後からっていうふうにすると，多分，忘れちゃう子も絶対いますし，何のことやったっけみたいな感じで気にも留めない子もいるなかで，サキちゃんって子，私，どんな子かしっかりわからないんですけど。でも，きっと，サキちゃんだから後からでも大丈夫って思いも，ゆき先生のなかでもたれていて，サキちゃんのことを信頼して，ゆき先生もちゃんと時間をかけて，１日かけて，サキちゃんのことを見ながら過ごしていたのかなと思うと，本当にすごいなというか。ゆき先生とサキちゃんの関係性だったり，信頼性だったりっていうのが本当にすごいなって純粋に思いました。

私も，ごめんなさいを言わせたり，何かがあったときにその場だけで解決させたいというか，モヤモヤしたままじゃなくて，その場ですっきりして終わらせたほうがいいんじゃないかって思いがあるので。こうやってモヤモヤを残していくことも，きっと子どもの成長につながっていくのかなっていうのをすごく感じました。

②保育観を拡げていくには

ほかのクラスの担任である，くるみ先生はサキのことをしっかりと把握しているわけではありませんでした。しかし，ゆき先生のエピソードをとおして，「モヤモヤを残していくことも子どもの成長につながる」という新たな気づきが，くるみ先生に生まれました。

保育の場を振り返ってみると，その場で起こったことは，できるだけそのときに解決するようにするケースはよくあるように思います。くるみ先生が指摘しているように，子どもの発達の具合によっては，そこで伝えなければ伝わらず，そのまま流れていってしまうこともあります。そういった背景のなかで，このエピソードでは１日かけてサキの心の動きを見逃さないでいようとするゆき先生がいました。

ゆき先生としては，ごめんなさいを言わせることにこだわっているのでは決してなく，サキの心に多少なりとも変化が生まれるのであればよいと思い，関わっています。しかし，子どもたちの心に寄り添い，見守っていきたいと保育者は願いつつも，忙しい保育の場ではなかなか難しいこともあります。また，モヤモヤした思いを残すことは保育者としても気になってしまうところです。このような背景を踏まえた上で，サキとゆき先生との間にある信頼感を，くるみ先生はこのエピソードから読み取っていました。子どもと保育者との間で培われてきた信頼感を基盤としているからこそ，子ども自身がどうしたらいいのかと悩み，考える時間が生まれていることがわかります。

くるみ先生の語りから，担任していないほかのクラスの子どもの保育を読み取っていくことをとおして，保育の場で起こったことに対して解決を急ごうとするのではなく，子どもとの間の信頼感を基盤としながら，子どものなかで思いが変わり，沁みていくところをていねいに見ていくことが大事だとわかります。担任しているクラスの子どもだけを見ていればよいというわけでは決してありません。園全体で保育をしていこうとする意識をもつことで，ほかのクラスの保育からも学びが生まれ，保育観が拡がっていきます。

保育者と保護者との「協同性」

日々の保育を支える人間関係として，前節では，保育者の「同僚性」に関わる語りを提示し，保育をどのように読み解いていくのかをみてきました。ここでは，保育者と保護者との「協同性」について考えていくことにします。

エピソード記述を検討していた紡ぐ会のなかで，サキの母親に対する保育者の語りもありました。保育者と保護者とが子どもの成長に向けてどのように力を合わせているのか，その実際をみていくことにしましょう。

（1）保護者に何を伝えるのか　―はるか先生の語りから―

① はるか先生の語り

私は，サキちゃんがずっとごめんなさいを言えずにいたというか。ゆき先生に声をかけられても自分のなかでまだ踏ん切りがつかない，言えないその長い時間，自分との葛藤もすごかったのかなっていうのも思いながら読んでいました。

でも，やっぱり，ゆき先生が0歳児のころからサキちゃんといっしょに過ごしてきているので，園のお母さんのような感じでサキちゃんも言いたいことを言えて，ゆき先生に怒られても，母に怒られる感じのような受け止めをしているんじゃないかなっていうのを思います。あと，保護者にも伝えていく難しさはあるんですけど，しっかり伝えていくことでお母さんもいっしょになってサキちゃんのことを考えてくれて，モヤモヤしてたみたいですっていうふうに言えるのかなっていうのも感じます。

② 保育者と保護者でいっしょに子どもの心の動きをみつめる姿勢

保育のなかでは，子どもの成長が感じられてうれしいこともあれば，トラブルやケガなど，うまくいかないこともあります。これらの出来事を日々の保護者とのコミュニケーションのなかで共有していくために，しっかりと伝えていく必要があります。一方，保育者が子どもの姿を保護者に伝えていくことに難しさのあることは，これまでも指摘されているところで，さまざまな背景により保護者とのコミュニケーションが十分にとれない場合もあります。

この事例で特徴的であるのは，ゆき先生とのコミュニケーションをとおして，サキの心の動きを母親もいっしょにみていこうとしているところです。スリッパ（製作物）の出来事で，サキがモヤモヤしていると感じていたのはサキの母親です。送迎のときの母親とのコミュニケーションのなかで，サキの思いを知ったゆき先生はおどろくことになりました。さらに，連絡帳に記載されていた「ごめんなさいする」というサキの思いをゆき先生は知ることになりました。

送迎時や連絡帳での保育者と保護者とのコミュニケーションにおいて大切なのは，保育のなかで何が起こったのかという出来事の共通理解だけではなく，その出来事によって生じる子どもの心の動きを保育者と保護者との間でいっしょにみつめていこうとする姿勢であったと考えられます。この姿勢がなぜ大切なのかを次の語りから考えてみましょう。

（2）保育を動かしていく原動力　―みほ先生の語りから―

① みほ先生の語り

このエピソードで子どもと先生がお互いの心に向き合って，時間をかけて熟成させてるところが感動的なことだなと感じました。ゆき先生がこうやって帰り際までずっと（サキのことを）待ち続けていたのは，お母さんから，昨日，ずっとモヤモヤしたんでって，ごめんなさいするって言ってたっていうのを聞いてたから，そのことにおどろいたっていうふうに書かれていたけど，その言葉を大切にしたいという思いがあったのかなと。サキちゃんとお母さんが家に帰った後に過ごしたその時間を大事にしたいって思いがここまで待たせてくれたのかなと思うと，そのことにもすごく意味があるんだなって読んでいました。サキちゃんのお母さんも，だから，すごいすてきだよね。

② 保育者と保護者の「協同性」の原動力

前項で子どもの心の動きを保育者と保護者との間でいっしょにみつめていくことの大切さを述べましたが，その姿勢が日々の保育を動かしていく原動力になることが，みほ先生の語りから示唆されます。

ゆき先生が１日をかけて，サキの心の動きをみていこうとした背景には，サキの母親がゆき先生から聞いたスリッパ（製作物）の出来事をしっかりと受け止めていたことが大きかったと考えられます。また，みほ先生が指摘しているように，サキのモヤモヤした気持ちを母親がいっしょに家で考えてくれて，「ごめんなさいする」というサキの言葉につながっていることを，ゆき先生もしっかりと受け止めていたのでした。さらに，エピソードで述べられていたように，サキもゆき先生とサキの母親の話をじっと聞いている様子があったことからも，子どもも大人の様子をよくみていることもわかります。このように子どもの心の動きをみつめてくれている保育者がいることは，保護者にとっても大変うれしいことです。ゆき先生とサキの母親とがお互いにていねいにそれぞれの気持ちを受け止めていくことによって，保育のあり方が変わってくることがこのエピソードからいえます。

サキが０歳のときからこの園に通い育ってきたことはたしかにあるのですが，保育者と保護者とのやりとりが出来事の共通理解のみに留まり，いっしょに子どもの心の動きをみつめていこうとする姿勢を積み重ねていなかったのであれば，このエピソードで述べてきたような保育の展開は生まれなかったことでしょう。保育者と保護者の「協同性」の原動力は，子どもの心の動きをみつめていくことにあるのです。

 まとめ

一つの事例を読み解く保育者の語りをさまざまな観点から提示し，検討してきました。読者のみなさんが最初にエピソードを読んだときに比べると，このエピソードに対する理解は格段に深くなっていることでしょう。紡ぐ会のまとめとして，副園長のゆり先生の語りを提示します。

（1）自分に自信をもつプロセス　―ゆり先生の語りから―

① ゆり先生の語り

私も，このエピソードはすごく感動的に読んでいたんだけど。省察のところで，まだ小さいからわからないということではなく，お互いが心地よく暮らしを紡ぎ出していくには，友達の思いに気づいてく姿があるんだなって出てきてるんだけど。このエピソードを読んだときには，捨てたという行為に対してごめんなさいって，最後，言えたっていうふうにもっていきがちになっちゃうといかんなと思っていて。

捨てたっていう行為に対して，ゆき先生が怒ったのは，捨てたという行為の裏側にある，「私もあなたの思いに答えて一生懸命したのよ，私の思いをちゃんと見て」っていうところで。私たちは行為にとらわれちゃうと，「いいわよ，もうやらない」ってところで終わってってしまうんだけれど。そうじゃなく，泣きたいのは私のほうよっていうふうに心に問いかけていっている。そこに向き合ってるところがすごい。

サキちゃんも捨てたことに対して，深い思いがあって捨てたとか，そうとらえてるわけでも何でもないんだけど。そうやって問いかけてくれたことによって，サキちゃんのなかに生じる，しまったとか，ゆき先生に悪かったかなっていうような思いとか，どうしようとかっていうふうにわきあがってきて。スリッパうんぬんじゃなく，ゆき先生の心に自分がどうやって向き合っていったらいいのかなっていうのをサキちゃん自身が感じ取っていて。そこのところを，ずっと待ちながら，お互いにいいよっていう形に時間かけて，そこまでもっていけたっていう。

サキちゃんが，サキちゃんの思いに気がついたというか，そこにすごい意味があったんじゃないかな。そこがサキちゃんの誇りになるっていうか，自分のプライドをすごく大切に，自分っていうものをゆき先生も大切にしてくれてるし，自分自身も相手の思いを感じながら，素直にごめんなさいって乗り越えられた自分に誇りをもっていて。そこまでつき合っていくのは，２歳の今，すごく誇り高い自分につなげていくための大事な時間なのかなっていうのを，改めて感じさせてもらったエピソードでした。

② 日々の保育を支える人間関係とは

指針に述べられているように，サキのような２歳児においては，自己と他者との違いの認識がまだ十分とはいえません。スリッパ（製作物）を投げたこと自体，サキからすれば特段の意図はなかったことでしょう。サキの心に問いかけられていたのは，スリッパを投げた行為ではなく，スリッパをつくったのに捨てられてしまった先生の気持ちでした。そして，先生の気持ちだけでなく，サキ自身の気持ちにも気づいていくなかで，保育者や保護者にていねいに支えられながら，自らの気持ちを押し出していけたことに自信をもっていく，２歳児ならではのプロセスの大切さに気づかされる語りでした。このようなプロセスがあるエピソードを保育者間で共有していくことにより，ゆき先生の保育のもつ意味が同僚に理解されますし，ゆき先生をより支えていきたいという同僚性も高まっていくように思います。

日々の保育を支える人間関係を，保育者間の「同僚性」と，保育者と保護者との「協同性」という２つのキーワードから考えてきましたが，子どものみならず，大人同士の人間関係も日々の保育を動かしていくものです。ひいては子どもの発達・成長にも影響を与えていくものであることがわかります。大人同士の人間関係がうまくいっていないなかでは，保育の動きも停滞してしまい，子どもの心の動きがみえにくくなっていくことでしょう。

本章の事例を踏まえて，日々の保育を支える人間関係を概念化すると以下のようになると考えられます。

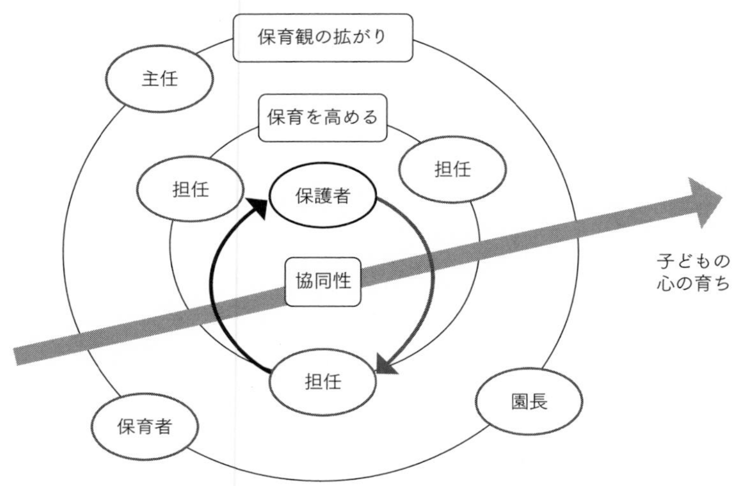

●図１　日々の保育を支える人間関係の概念図

図の中央にあるように，時間軸に沿って子どもたちが育っていくなかで，保育者は日々の保育を展開させていきます。そのときに，同じクラスにいる同僚である担任同士で日々，相談や対話をしながら，子どもの心の動きをいっしょにとらえていこうとしていきます（内側の環）。そこでは，保護者の意見も踏まえながら，子どもの育ちのために担任間で協働し，保育を高めていこうとします。このように保育者の「同僚性」は，子どもの心の動きを踏まえた質の高い保育を展開していくことにつながります。

また，ほかのクラスの保育者や主任，園長などと，事例などについて意見交換をしていくことをとおして，さまざまな立場にある保育者に保育観の拡がりを生み出していくことが「同僚性」の大切なところです（外側の環）。保育経験の違いにより，保育観の拡がりには個人差はあるものの，副園長のゆり先生の言葉にあるように，経験豊かな保育者であっても，保育を改めて確認し，学びを深めていくことになります。すべての保育者の成長につながっていくのです。

このように，保育の場における保育者の「同僚性」は，子どもの心の動きの変化を見据えながら，内側および外側の環をとおして，園にいる保育者同士でお互いを支え合おうとする動きが生まれてきます。この支え合いを基盤とした「同僚性」が私たちに問われているのであり，要領や指針に述べられている適切な（自己）評価や多面的な子ども理解につながっていきます。

さらに，保育者と保護者との「協同性」も保育を支える人間関係として大切になります。連絡帳や園だより，送迎時の会話などのコミュニケーションをとおして，保育者と保護者との間で何を共有していこうとするのかがポイントです。子どものできたことやトラブルがあったことなど，行動や出来事の伝達のみを行うだけでは，子どもの本来の育ちにはつながっていきませんし，保護者の心も動きません。保育の場がただ子どもを預ける場になってしまいます。

私たちが重視すべきは，子どもがその行動に至るまでにどのような心の動きが見られ，行動の変化がみられたのか，その具体的な中身を保護者と共有していくことです。このサキの事例で見たように，家庭での様子との連続性のなかで，子どもを理解していくことができます。そして，保育者と保護者との「協同性」をもとに保育が動きだし，子どもの心の育ちへとつながっていくのです。

演習　振り返り

1．ゆき先生のエピソードに対して述べられた保育者の５つの語りのなかで，あなたの保育観・考えに近かった先生は誰でしたか。どういったところが近かったのかを振り返ってみましょう。

2．あなたが気づいていなかった視点を語っていた先生はいましたか。いれば，どの先生で，どういったところに新たな気づきがあったのかを振り返ってみましょう。

【参考文献】

・大豆生田啓友（2017）『倉橋惣三を旅する―21世紀型保育の探求―』, フレーベル館.
・鯨岡峻（2015）『保育の場で子どもの心をどのように育むのか―「接面」での心の動きをエピソードに綴る―』, ミネルヴァ書房.

第12章

特別なニーズをもつ子どもへの支援

幼稚園教育要領および保育所保育指針（以下，要領・指針と記します）が踏まえられている，幼保連携型認定こども園教育・保育要領の「3　特別な配慮を要する園児への指導」の「(1) 障害のある園児など*1への指導」に，以下の記載があります（下線と数字は筆者）。

> 障害のある園児などへの指導に当たっては，①集団の中で生活することを通して全体的な発達を促していくことに配慮し，適切な環境の下で，①障害のある園児が他の園児との生活を通して共に成長できるよう，特別支援学校などの助言又は援助を活用しつつ，個々の幼児（園児）の障害の状態などに応じた指導内容や指導方法の工夫を計画的，組織的に行うものとする。
>
> また，家庭，地域及び医療や福祉，保健等の業務を行う関係機関との連携を図り，長期的な視点で園児への教育及び保育的支援を行うために，②個別の教育及び保育支援計画を作成し活用することに努めるとともに，個々の園児の実態を的確に把握し，②個別の指導計画を作成し活用することに努めるものとする。

下線に記した数字が示すように，この記述には2つのポイントがあります。本章ではこれらを理解していくことを目指します。

まず，①が示唆しているのは，障害のある子どもなどが，ほかの子どもと集団で生活をしていく意義です。障害のある子どもなどが発達していく姿がみられるのみならず，その子のまわりにいる子どもたちもともに成長していく姿があるということです。

＊1　障害のある園児などの「など」には，どのような子どもが含まれているのでしょうか。要領・指針では，海外から帰国した子どもや生活に必要な日本語の習得に困難のある子どもがあげられており，配慮が必要とされています。ほかにも，障害の診断はついていないものの保育者から見て「気になる」とされる子どもや，子どもの貧困と言われるような家庭環境の厳しい子ども，医療的ケア児，性別違和の子どもなどが考えられます。

これは「他の人々との親しみ，支え合って生活するために，自立心を育て，人と関わる力を養う」という，人間関係の領域の目指すところと密接に関連している考えられます。これらの内容を実践していくために求められる保育者の配慮について，第１節で事例をとおして考えていくことにします。

次に，②で繰り返し述べられているように，個別の教育支援計画と個別の指導計画を作成し活用していくことが，私たちに求められています。そのためには，関係機関との連携や，長期的な視点をもつこと，一人ひとりの子どもの実態をしっかりと把握していくことが必要です。これらは養成校などにおける障害児関連の科目でも学修することですので，本章では，人間関係の領域に焦点をあてることとします。とくに求められている合理的配慮について，個別の教育支援計画，個別の支援計画の具体例をもとに，理解していくことを目指します。

障害のある子どもなどに対する保育者の配慮

本節では，ある認定こども園での障害のある子どもに関わる２つのエピソードを読み解き，集団での生活を営んでいくなかで保育者が配慮すべきことを考えていくことにしましょう。この事例を読み解いていく上で留意してもらいたいのは，障害があるから人との関わりに難しさを抱えていると考えないでいただきたいということです。

生まれながらに抱えている心身の機能の障害により，発達がゆっくりであったり，特性といわれる行動が表れやすかったりする子どものいることは確かです。しかし，最初から人と関わろうとしていないわけではありません。発達障害の当事者の自伝や書籍などを読んでみると，人と関わっていこうとしながらも，それがうまく表現できずにいる場合のよくあることがわかります。

ところが，障害などのある子どもが，何とか人と関わろうとしているのに，やりたいことや言おうとしていることが周囲の養育者や，子どもたちに伝わらない経験が積み重なり，人と関わろうとする気持ちが，だんだん生まれにくくなっていきます。人との関わりに相当の制限を受ける状態が，乳幼児期から生じてしまいかねないのです。だからこそ大切なのは，おぼつかない表現ながらも人と関わろうとしている子どもを私たちがていねいに受け止めていくことだといえます。この考え方にもとづいて，保育者の書いたエピソードを読み解いていきましょう。なお，エピソードの理解を補うため，カッコで内容を追記したところもあります。

エピソードのなかで出てくるソラは，当時５歳の年中児であり，体の大きい子でした。子ども総合相談センターにて，２歳半で知的障害および自閉症の診断がなされました。その後，４歳のときに認定こども園に入園しました。ソラの年中・年長時の担任はみずき先生で，経験年数20年程度の教諭でした。

まず，ソラが他児を押すことが増えた7月後半ごろのエピソードです。みずき先生は，ソラの姿をどのように受け止めていたのでしょうか。エピソード中の下線は，筆者によるもので，読者のみなさんが考察していくポイントになります。

（1）保育者による子どもたちへの配慮

〈事例〉 12-1

エピソード①：人と関わるスタート

（5歳児クラス，7月）

ソラが他児を押すことが増えた。（ソラに）よく押される子を見ていると，3，4歳の小柄な子が多かった。ソラの思いはわからなかったが，今まであまり人に対して，関わっていくことがなかったので，③自分から人に関わろうとするスタートなのかなと思った。しかし，身体の大きなソラに押されると，小柄な子は倒されてしまう。ソラのことを怖いと思ったり，押す嫌な子というイメージがついたりしても，嫌だなあと思っていた。（他児に）ソラから近づいていくことが多いが，相手を邪魔に思っているようには見えない。

「ソラくん，押さないよ」と伝えると，私の表情や声の調子から“まずい”と感じるのか，顔が曇り，眉間にしわを寄せる。私も，相手の子に「ごめんね」と声をかけ，ソラの手を取り相手の子をハグするようにして「好き好きだね」と言って，④ソラのイメージが悪くならないようにした。何度も押すことが続くと相手の子も警戒してソラが近づくだけで，避けるような場面も何回もあった。ソラにくどくど言うことはせず，「好き好き」とやり取りを楽しんだ。9月のプール納めが終わるころには，押す姿がなくなってきた。ときどき，（他児を）ぎゅっとすることはあるが，関わり方が変わってきていると思う。

（勝浦（2020）よりエピソード・考察を若干修正の上で引用。）

障害のある・なしにかかわらず，子どもが他児を押すことがあれば，どうしてそういう行為をしてしまったのか，その理由を聞き出そうとしたり，人を押すことはいけないことと指導したりしていくことになるでしょう。しかし，ソラのように，ことばで気持ちを伝えることがあまりなく，また，これまで人と関わってきた経験の少なかった子どもの場合，その真意を読み取っていくことはなかなか難しいことです。みずき先生もソラの思いをすべてわかって関わっているわけではありません。

そのなかで，③で述べられているような前向きな受け止めをみずき先生がしたということが，このエピソードで着目してほしいところです。そもそも人を押すという行為自体は，保育者であれば子どもにあまりしてほしくはない負の出来事です。みずき先生も，その点はソラに注意をしており，ソラもよくないことだということはわかっている様子です。また，ソラの通り道に人がいて，邪魔だから押しているというわけではないことも，みずき先生は理解しています。その上で，これまで他児と関わってこなかったソラが，他児のほうに素朴に近づいているという姿に目を向けたことが，みずき先生の前向きな受け止めにつながっています。押すといった行為の前にある背景や文脈をていねいに読み取っていくことが，保育者の専門性として大切であることがわかります。

さらに，④で述べられているように，押された他児への配慮を行っていたことも，みずき先生の関わりの特筆すべきところです。周囲の子どもたちがソラをどのように受け止めていくのかは，園での集団生活を考える上で外せない視点です。ソラより年齢の小さい，身体の小さな子どもからすれば，ソラに押されて怖いと感じるのは自然なことですし，ソラを避ける姿も実際にありました。そういったなかでも粘り強く「好き好き」のやり取りを楽しみながら繰り返していくことが，他児の緊張をやわらげる面もあったでしょうし，他児を押すことがなくなってきたというソラ自身の変化にもつながってきていると考えられます。障害のある子どもだけを配慮していけばよいという問題ではなく，その周囲の子どもたちへの配慮も欠かすことはできないのです。

（2）一人ひとりが自分らしく

エピソード①では，保育者による子どもたちへの配慮について考察してきました。次のエピソード②では，子ども同士のやりとりのなかで，ソラがどのように受け止められているのかを考えていくことにしましょう。

エピソード②は運動会の場面です。当日，あいにくの雨となり，急遽，園の近くにある小学校の体育館で運動会を開催することになりました。大きな音が苦手なソラにとって，はじめての場所，大勢の人，加えてアナウンスや音楽が反響することになり，ソラにとっては大騒音のなかでの運動会でした。そのなかでクラスの子どもたちがリレーをする場面をみずき先生は書きました。このエピソードをいっしょに考えてみましょう。なお，下線はエピソード①と同じく，筆者が考察のために引いたものです。

〈事例〉 12-2

エピソード②：ソラなりの参加をめぐって

（5歳児クラス，10月）

運動会前には，ソラがリレーにどのように参加していくとよいのかいろいろ考えた。毎回，タイミングのよいところでリレーに入れてもらい，私がソラを引っ張るように走った。そんななか，ソラをみんなと同じようにやらせてあげたいという私の思いと，子どもたちに勝ちたい気持ちや負けて悔しい気持ちを味わって走りこんでいくようにしたいという思いが交叉し，いろいろ葛藤しながらリレーをしていった。やっていくうちに，私が引っ張って走っていてもソラは楽しい感じでもなく引っ張られているだけで，⑤これは今のソラにとってよいことなのだろうかと思い始めた。「ソラくんは，どうすると楽しいのかなぁ」と私がつぶやくと，レイが「ソラくん，いっつも赤のバトンもってるよ」，サラが「うちらに渡してくれるもんね」と言葉をつなげた。⑥子どもたちがとてもよくソラを見ていることにおどろき，バトン渡しをソラの役割とした。

そして，当日。ソラは見事にプレゼンターの役割を果たしてくれた。リレーも接戦で，負けたチームの子どもたちが，「もう一回勝負したい」「やりたい」コール。子どもたちの気持ちを受け入れ，もう一度対戦。私のなかで，役割が終わったと思っているソラにもう一度プレゼンターが務まるだろうかという思いがよぎった。が，そんな私の心配をよそに，ソラはどうどうとスターターにバトンを渡した。

（勝浦（2020）よりエピソード・考察を若干修正の上で引用）

運動会をはじめとして，行事は，障害のある子どもとまわりの子どもたちとが協力し合ったり，うまくいかないことに感情をぶつけたりするなど，人間関係のさまざまな様相がみられるところで，子ども同士の人間関係を育んでいく上でも重要な位置づけにあります。行事の経験がどのように子どもたちの心に刻まれていくのかを考えていくことは保育者に欠かせません。この意味で，⑤は注目すべき記述です。

いま，保育の場ではインクルーシブな保育・教育が進められつつあります。障害のある子どもなど，マイノリティの子どもとマジョリティとされる定型発達の子どもとが，単に同じ場でいっしょにいるのではなく，両者が日常的に交流し，遊ぶことができるようにしていくとともに，同じように生活し学ぶことのできる環境を準備しようとしています。「みんな同じように」ではなく，「一人ひとりが自分らしく」生活することがインクルーシブな保育・教育の目指すところです。

このエピソードでは，ソラが運動会のリレーに参加することができるよう，みずき先生は試行錯誤していたようです。しかし，いまのソラにとってこの参加の仕方が果たしてよいのかどうかという疑問に突きあたります。障害のある子どもがみんなと同じ動きができるようにすることに保育者がこだわりすぎていないかどうか。その子らしく参加しているのかどうか。これらを問う姿勢をもっていることが，インクルーシブな保育を目指す保育者には求められているといえるでしょう。

そのような背景のなかで，ソラらしいリレーへの参加へと導いていったのは周囲にいる子どもたちのことばでした。⑥で述べられているように，まわりの子どもたちもソラのことをよく見ていることがわかります。幼児期において，障害のある子どもなどがクラスにいたとき，子どもたちはその子に何らかの違いを感じることは確かですが，障害などの視点ではみていません。ソラのことを障害のある子どもとしてではなく，素朴に同じクラスにいる友達としてみているのです。ともに生活し，ともに成長している子ども同士だからこそ，私たちが子どもから教えられたり，気づかされたりすることがあるはずです。みずき先生のように，その声を拾うことのできる感性をもっておくことが，私たちにとって大切であることに気づかされるエピソードでした。

2 個別の支援計画の実際と活用

前節では，障害のある子どもが園でどのような人間関係を保育者や周囲の子どもたちと営んでいるのかをエピソードを通して理解し，そのなかで求められている保育者の専門性や姿勢について考察してきました。こういった人間関係が営まれていることを踏まえつつ，障害など特別な配慮を要する子どもに対して作成と活用が求められている，個別の支援計画について人間関係の領域から学んでいくことにします。個別の支援計画には２種類あります。個別の教育支援計画と個別の指導計画です。それぞれについて，理解を深めていきましょう。

（1）個別の教育支援計画

個別の教育支援計画とは，障害のある幼児・児童・生徒の一人ひとりの教育的ニーズを正確に把握し，長期的な視点から乳幼児期から学校卒業後までの一貫した的確な支援を行うことを目的として作成されるものです。家庭，福祉，医療，労働などのさまざまな側面からの取り組みを含め，関係機関との連携について書かれた計画です。文部科学省が参考様式として，プロフィールシートと支援シートを2021（令和3）年11月に発表しました。それを以下に示します。

●表1　プロフィールシート（参考様式）

【プロフィールシート】

1．本人に関する情報

①氏名	フリガナ		②性別		③生年月日	
④園・学校名					⑤学年・組	
⑥学校長名						

⑦学びの場	
	□　通常の学級
	□　通級による指導（自校・他校・巡回）　障害種別：
	□　特別支援学級　　　障害種別：
	□　特別支援学校　　　障害種別：

⑧障害の状態等				
	主障害		他の障害	
	診断名			
	手帳の取得状況	手帳（　年　月交付）	等級	
		手帳（　年　月交付）	等級	

⑨教育歴（在籍年月日）			
	幼稚園等	園名：	（○年○月○日～○年○月○日）
	小学校段階	学校名：	（○年○月○日～○年○月○日）
		学校名：	（○年○月○日～○年○月○日）
	中学校段階	学校名：	（○年○月○日～○年○月○日）
		学校名：	（○年○月○日～○年○月○日）
	高等学校段階	学校名：	（○年○月○日～○年○月○日）
		学校名：	（○年○月○日～○年○月○日）

⑩検査							備考
	検査名			検査名			
	実施機関			実施機関			
	実施日			実施日			
	結果			結果			
	資料	□有	□無	資料	□有	□無	

2．家庭に関する情報

①住所	〒		②保護者	
③連絡先	☎	（　）	✉	（　）
	☎	（　）	✉	（　）
④備考				

3．関係機関に関する情報

①支援を受けた日（期間）	②機関名	③担当者名	④主な支援・助言内容等

4．備考

プロフィールシートについておさえたいことは，次の２点です。一つ目は，見るとわかるように，個人情報が多く含まれています。したがって金庫で保管したり，安易にコピーしたりしないようにするなど，厳重な管理をしていく必要があります。さらに，このプロフィールシートを記載していくには，保護者の協力が不可欠です。保護者の同意のもとに行っていく必要があります。

保護者にとってのこのシートを使う利点は，子どもに関する大切な情報が引き継がれていくことにあります。このシートを保育者や教員が十分に確認していくことで，担任が変わったり，小学校や中学校に進学したりするたびに，子どもの障害や検査結果などについての説明を保護者がしていくことの負担感を軽減し，円滑な接続につなげていくことができます。

もう一つは，関係機関で受けた支援や助言を確認することができ，日々の保育に生かすことができる点です。これは，表２の支援シートにおいても確認できます。必要であれば，児童発達支援センターや医療機関などに問い合わせて，共通理解を図ることができます。また，保育所等訪問支援[*2]などにおいて活用することで，障害のある子ども本人への支援とともに，訪問先施設の保育者に対する支援方法の指導等が行われます。このように，保育者には保護者だけではなく，関係機関の職員との連携も求められています。障害などのある子どもたちの最善の利益のために，保育者と関係機関の職員とが，対等な立場でコミュニケーションを積み重ねていくことが，障害のある子どもなどを支えていくことにつながってきます。

＊２　保育所等訪問支援とは，児童発達支援センターなどの職員が，保育所，幼稚園，認定こども園，小学校および特別支援学校等を訪問し，そこに通う障害児がほかの児童との集団生活に適応していくための専門的な支援，その他の便宜を供与することをいいます。

●表２　支援シート（参考様式）

個別の教育支援計画の参考様式

【支援シート（本年度の具体的な支援内容等）】

１．本人に関する情報

①氏名

（フリガナ）

②学年・組

③担当者

担任	通級指導教室担当	特別支援教育コーディネーター		
○○○○	●●●●	□□□□		

※　本計画の作成（Plan）・実施（Do）・評価（Check）・改善（Action）にかかわる全ての者を記入すること。

④願い

本人の願い	
保護者の願い	

⑤主な実態

学校・家庭でのようす	得意なこと 好きなこと	
	苦手なこと	

※「苦手なこと」の欄には、学校生活、家庭生活で、特に支障をきたしている状況を記入すること。

２．支援の方向性

①　支援の目標	

②　合理的配慮を含む支援の内容	

※　（上段：青枠）必要な合理的配慮の観点等を記入、選択すること。
　　（下段：白枠）上段の観点等に沿って合理的配慮を含む支援の内容を個別具体的に記入すること。

③　支援の目標に対する関係機関等との連携	関係機関名	支援の内容

3．評価

① 支援の目標の評価	
② 合理的配慮を含む支援の内容の評価	

※年度途中に評価する場合も有り得るので、その都度、評価の年月日と結果を記入すること。

4．引継ぎ事項（進級、進学、転校）

① 本人の願い	
② 保護者の願い	
③ 支援の目標	
④ 合理的配慮を含む支援の内容	
⑤ 支援の目標に対する関係機関等との連携	

5．備考（特に配慮すべき点など）

6．確認欄

このシートの情報を支援関係者と共有することに同意します。

年　月　日

保護者氏名

このシートの情報を進学先等に引き継ぐことに同意します。

年　月　日

保護者氏名

支援シートについておさえたいことも２点です。一つ目に，支援シート４番目の項目に記載が求められているように，「本人の願い」と「保護者の願い」が重視されている点です。子ども本人や保護者の願いが入らないまま，保育者や教員による一方的な支援にならないようにしています。プロフィールシートと同じく，最後に保護者の確認が必要となることもおさえておきましょう。「お友達と仲よくなりたい」や「社会性を育んでほしい」など，人間関係の領域に関わる願いが書かれることがよくありますので，その願いを受け止めていくようにしましょう。

一つ留意すべき点として，幼児期の子どもたちは，自分の気持ちを表現することがうまくいかなかったり，苦手な場合もあったりします。また，言語発達がゆっくりであるために，ことばでは伝えきれない子どももいます。そのときにどのようにして，「本人の願い」を読み取っていくのかは難しいところです。しかし，第１節で紹介したソラのエピソード①で見てきたように，すべてはわからないまでも，子どもの行為の背景や文脈をていねいに読み取っていくことが必要と考えられます。

もう一つは，合理的配慮*3をもとに支援や評価が組み立てられているところです。支援シート１番目の項目の５つ目に，「得意なこと・好きなこと」と「苦手なこと」が主な実態としてあげられています。とくに「苦手なこと」においては，日々の生活のなかで生じている支障を書くことになっています。この支障となっていることを多少なりともやわらげるという目的のために行われるのが合理的配慮です。

ここである園の具体例を一つあげます。自閉症のある幼稚園年長のA児の苦手なことは，クラス集団への参加でした。語彙も少なく，コミュニケーション力にも課題があり，不安そうな様子を見せることもありました。そこで，A児が集団に参加できる時間を増やすための合理的配慮として，A児が園で飼育している亀に興味があったことを生かし，「亀の係」の活動を設けて，友達といっしょに活動する機会を増やしました。さらに，友達といっしょに活動する機会を増やすために，製作活動において「ダンボールの電車づくり」を計画し，ダンボールの電車を台車の上に乗せることで，A児が友達といっしょに「動く電車」で園内散歩を行うように環境を整えました。その結果，A児は徐々にクラス集団といっしょに活動をする時間が増えていきました。

この具体例では，「苦手なこと」の改善のために，「得意なこと・好きなこと」を生かした配慮を行いました。合理的配慮をしていく上では，子ども一人ひとりの実態を把握していくことの必要性がわかります。また，A児が集団でいっしょに活動をする時間が増えるというポジティブな変化がありましたが，場合によっては上手くいかないことや，とくに変化のないこともあります。むしろ，そのほうが多いかもしれません。だからこそ，支援シートの３にある評価が大切になります。行ってきた合理的配慮のなかで上手くいったものもあれば，上手くいかなかったものもありますが，どうして上手くいかなかったのか，また，どうして上手くいったのかを振り返ることは，子どものより適切な実態把握につながってきます。評価を行う際には，担任の保育者のみで行うのではなく，子どもに関係する保育者や園長，主任，連携する機関の職員

＊3　合理的配慮の定義としては，「障害者が他の者と平等にすべての人権及び基本的自由を享有し，又は行使することを確保するための必要かつ適当な変更及び調整であって，特定の場合において必要とされるものであり，かつ，均衡を失した又は過度の負担を課さないものをいう」とされています。合理的配慮の具体例は，特別支援教育総合研究所が提供する「インクルーシブ教育システム構築支援データベース」（http://inclusive.nise.go.jp/?page_id=110　2023年５月31日閲覧）に数多く掲載されています。本文中の具体例もここからピックアップしています。

などを合わせて，多角的な視点から行うことが望まれます。

（2）個別の指導計画

次に個別の指導計画について説明していきます。個別の指導計画とは，障害のある幼児，児童，生徒の実態に応じて適切な指導を行うために作成されるもので，一人ひとりの指導目標，指導内容・指導方法を具体化して，きめ細やかに指導するために作成するものです。月間や学期，年間ごとに作成されます。個別の教育支援計画は長期的な計画でしたが，それに比べると，個別の指導計画は短期的な計画といえるでしょう。

個別の指導計画については，一般に定まった書式はなく，園によってさまざまなものがあるのが実態です。基本的には，５領域や幼児期の終わりまでに育ってほしい10の姿などをベースにして作成されています。ここでは，人間関係に特化した具体例（障害のある４歳の子どもの仮想事例）を表３に提示します。月間の個別の指導計画です。

●表３　個別の指導計画の一部（人間関係に特化したもの）

前月の子どもの姿	今月のねらい	保育者のかかわり（手立て）	評価・反省
クラスの子どもたちが虫を観察していたり，触ろうとする姿を少し離れたところから見ていた。	クラスの子どもと関わる機会を増やす。	他児らが遊んでいるところに本児と一緒に行ってみるなど，遊びの中での関わりを楽しめるように環境を整え，見守っていく。	室内におもちゃを用意するなど，他児らとの遊びが深まるような環境を整え始めることはできた。実際に遊びが始まるように促してみたい。

個別の指導計画を作成していく上では，PDCAサイクルを意識していくことが大切です。前月までの姿を踏まえ，今月のねらいを策定します（Plan）。そして，そのねらいに向けて，保育者が実際にやったことが述べられます（Do）。その後，振り返りとしての評価・反省を園の職員とともに行います。ここでは，他児との遊びが深まっていくような環境を整えることができたことが評価されています（Check）。そして，この評価や反省をもとに，次のねらいがまた新たに策定されることになります（Action）。たとえば，表３では，他児との遊びや交流が生まれるようにすることなどが次月以降のねらいとして考えられます。ねらいを策定する際には，要領・指針に提示されている，人間関係など５領域のねらいや内容も意識していくと，より充実したものになっていくでしょう。

個別の指導計画のPDCAサイクルを回していくことで，園内の支援体制づくりが見直され，障害のある子どもなどへの配慮がより充実していくことが目指されます。もちろん，ねらいをもって保育をしても上手くいかないことはあります。その評価の際に見直してほしいポイントとしては，目標や手立てが具体的であるかどうかです。

また，具体的であっても上手くいっていない場合には，保育内容や環境の見直しが必要になります。対象となる子どもの発達に合った指導目標や内容，方法になっているのかどうかを検討してみてください。それでも，なかなか上手くいかない原因が見いだせない場合には，園内でのカンファレンスによって園全体の問題として考えたり，外部の専門家を園に呼び，客観的な視点から保育にアドバイスをしてもらったりするなどして，さまざまな立場から指導計画を検討していくことが必要になります。

3 まとめ

ここまで，障害のある子どもなどに対する保育者の配慮および個別の支援計画の実際と活用について，人間関係の領域との関連から理解を深めてきました。

第１節でも紹介しましたが，インクルーシブな保育・教育として，一人ひとりが充実した園での生活を過ごせるように配慮していくことが，保育者に求められるようになってきました。そのなかで，子どもと保育者，または子ども同士でどのような人間関係が営まれているのかは，とても大切な観点といえるでしょう。園には人間関係の苦手さや困難さを抱えている子どもがいますが，その背景に障害があるとは限らず，さまざまな事情や環境がありえます。そういった多様な子どもたち一人ひとりに対して，特別な対応をそれぞれにしていかなくてはならないとか，個別の支援計画をたくさんの子どもに作成していかなくてはならないと考えるとなかなか大変です。

そこでみなさんに意識してほしいことは，子どもたち誰もが生活や発達に何らかのニーズを抱えているということです。人間関係の領域では，自分を押しとおそうとしすぎると他者を傷つけてしまうことがある一方で，自分を抑えすぎてしまうと他者に振りまわされてしまうことがあります。「私は私」でありながら，「私は私たちの一人」なのです。みなさんも含めてこの矛盾する両面のニーズを抱えているのですが，幼児期の子どもだからこそ，この両面をそれぞれに大切にしつつも，バランスよく自分自身をコントロールできる主体を育てていくことが，保育者に求められていることです。これは障害などがあるか・ないかにかかわらず，すべての子どもに共通しているニーズであると考えられます。

こういった子どもたち一人ひとりのニーズの共通基盤となっているところを，ていねいに確認していくことが必要になります。その共通基盤を確認していくなかで，特別な支援の必要な子どもが浮かびあがってきます。そのときに，その子に必要とされる支援を検討していくため，担任の保育者や同僚である保育者，園長，主任だけでなく，外部機関の関係者と十分なコミュニケーションをとりながら，個別の教育支援計画や個別の指導計画など個別の教育支援計画を作成し，活用していくことが効果的な支援につながっていきます。このような専門性のもとに，すべての子どもの育ちを支えていくことが保育者に求められているのです。

振り返り

1．教室から出ていってしまう子どもや，場面の切り替えが苦手な子どもなど，集団での活動が難しい子どもには，人間関係の領域において，どのようなニーズがある可能性があると考えられますか。一つあげてみてください。また，そのニーズに対してどのような配慮や支援をしていきたいとあなたなら考えますか。

【引用・参考文献】

・綾屋紗月・熊谷晋一郎（2008）『発達障害当事者研究―ゆっくりていねいにつながりたい―』，医学書院．

・市川奈緒子・仲本美央（2022）『子ども一人ひとりがかがやく個別指導計画―保育現場の実践事例から読み解く―』，フレーベル館．

・勝浦眞仁（2020）「障害のある子どもをもつ親の揺れ動く心性を探る―園のエピソードを両親と語ることを通して―」『保育学研究』，第58巻第２・３合併号，pp.167-178.

・川田学（2019）『保育的発達論のはじまり―個人を尊重しつつ，「つながり」を育む営みへ―』，ひとなる書房．

第V部

現代の子どもを取り巻く人間関係

第13章

家族の多様化と子どもの人間関係

少子化

(1) 超少子化とは?

まず少子社会とは一体どのような状態なのかを調べてみましょう。『平成16年版少子化社会白書』[1)]には，以下のように定義づけられています。

> 人口学の世界では，一般的に，合計特殊出生率が，人口を維持するのに必要な水準（人口置き換え水準）＊1を相当期間下回っている状況を「少子化」と定義している。日本では，1970年代半ば以降，この「少子化現象」が続いている。

さらに上記の白書では，合計特殊出生率（total fertility rate：TFR）とは「15歳から49歳までの女性の年齢別出生率を合計したもの」で，１人の女性がその年次の年齢別出生率で一生の間に生むとしたときの子ども数に相当すると説明されています。日本社会は，2.08の人口置き換え水準を下回っている期間が約50年間続いていています。図１をみても日本の合計特殊出生率は低下し続けています。

私たちが少子化を実感した一つの出来事としてあげられるのは，1989（平成元）年の「1.57ショック」かもしれません。1989年に合計特殊出生率が，ひのえうま年（1966〔昭和41〕年）の1.58よりも下回ったことで，日本社会は衝撃を受けました。し

＊1　内閣府（2004）『平成16年版　少子化社会白書』には，人口置き換え水準を「合計特殊出生率がこの水準以下になると人口が減少することになるという水準のことをいう。わが国では，2.08前後の数値が該当する」と書かれています。

かし，「1.57ショック」以降も出生率は留まることなく低下の一途をたどっています。2022（令和４）年のデータでは，2020（令和2）年は，840,835人と最低出生数を記録し，合計特殊出生率も1.33と低出生率です[2)]。佐藤龍三郎によれば，合計特殊出生率が1.5を下回る状態を「超少子化」と称しています[3)]。日本は現在，少子化よりも深刻な超少子社会となっています。

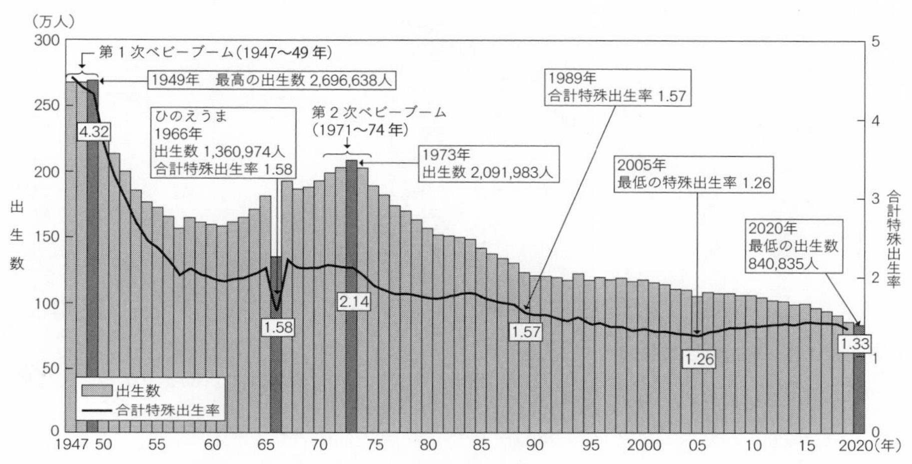

●図１　日本の出生数および合計特殊出生率の年次推移
（内閣府〔2022〕「令和４年版　少子化社会対策白書」, p.5より抜粋し作成）

次に，超少子化の要因は何だと考えられているのでしょうか。諸説ありますが，松田茂樹によれば，少子化の要因は主に未（非）婚化・晩婚化の進行，及び，夫婦が産む子ども数の減少だといわれています[4)]。松田が指摘するように，次ページの図２の50歳時の未婚割合の推移をみても，50歳までに一度も結婚をしたことのない男女は増加傾向にあります。また，2040年には男性は29.5％，女性は18.7％まで増加すると試算されています。さらに夫婦が産む子どもの数（完結出生児数）に関して，次ページの表１をみると，1962（昭和37）年から2005（平成17）年までは夫婦と子ども２人という世帯構成でしたが，2015（平成27）年の調査では1.94となっており，夫婦と子ども１人と家族構成が変容していていることがわかります。

現在，超少子化の日本では，子育て支援政策に非常に力をいれています。たとえば，2022年４月には「産後パパ育休制度（育児・介護休業法）」が改正されました。産後パパ育休制度（厚生労働省ホームページ「産後パパ育休（出生時育児休業）が10月１日から施行されます（2022年８月）」）によれば，男性は今まで取れなかった産後休暇が新たに「子の出生後８週間以内に４週間まで，２回に分割して取得できるように」なりました[5)]。また，育児休業に関しても父親母親それぞれ，１歳まで２回に分割して取得可能となり，待機児童等の問題に柔軟に対応できるように改正されました。現在，男性の育児休業取得率が17.13％（2022年）と増加傾向にあります。国だけでなく地方自治体においても，特色ある子育て支援政策が実施されていることから，少子化を背景とした子育ては急務の課題として考えられています。

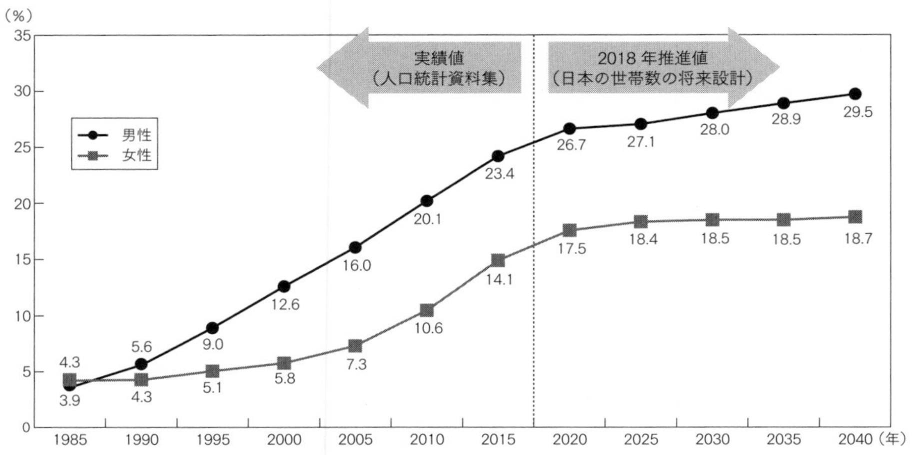

● 図 2　50歳時の未婚割合の推移

(厚生労働省〔2021〕「令和３年度　厚生労働白書」, p.185より抜粋して作成)

● 表 1　各回調査における夫婦の完結出生児数（結婚持続期間15〜19年）

調査（調査年次）	完結出生児数
第 1 回調査（1940 年）	4.27 人
第 2 回調査（1952 年）	3.50
第 3 回調査（1957 年）	3.60
第 4 回調査（1962 年）	2.83
第 5 回調査（1967 年）	2.65
第 6 回調査（1972 年）	2.20
第 7 回調査（1977 年）	2.19
第 8 回調査（1982 年）	2.23
第 9 回調査（1987 年）	2.19
第 10 回調査（1992 年）	2.21
第 11 回調査（1997 年）	2.21
第 12 回調査（2002 年）	2.23
第 13 回調査（2005 年）	2.09
第 14 回調査（2010 年）	1.96
第 15 回調査（2015 年）	1.94

注：対象は結婚持続期間 15 〜 19 年の初婚どうしの夫婦（出生子ども数不詳を除く）。

(国立社会保障・人口問題研究所〔2022〕「第15回出生動向基本調査」より抜粋して作成)

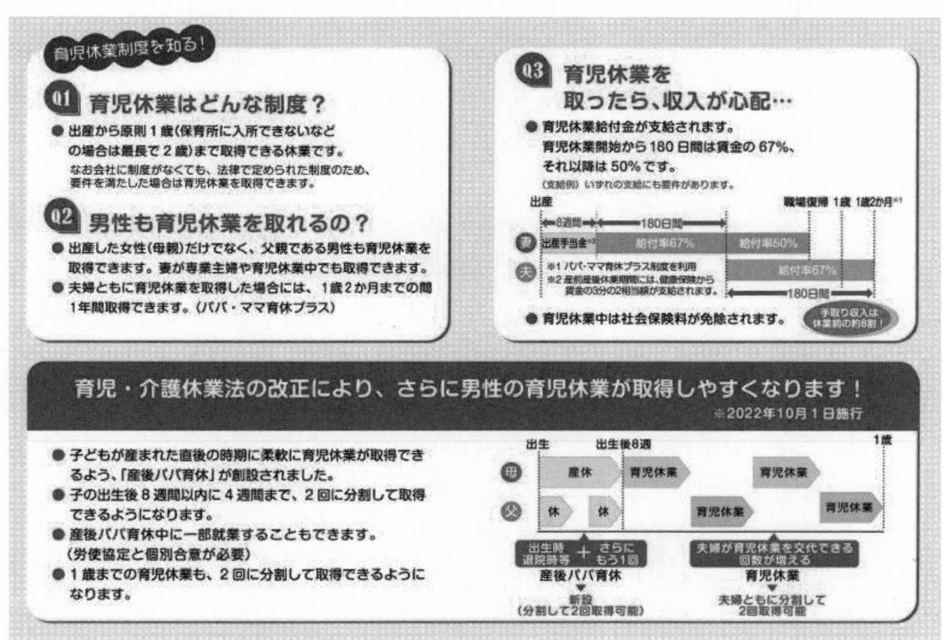

●図3　産後パパ育休（出生時育児休業）について
(厚生労働省ホームページ「産後パパ育休(出生時育児休業)が10月1日から施行されます(2022年8月)」より)

（2）東アジア社会に共通する少子高齢化

少子化は，高齢化を伴うことにも着目する必要があります。そしてこの「少子高齢化」現象は，日本だけに起こっているわけではありません。現在，日本周辺の東アジア社会一体に少子高齢化が到来しています。近年，世界最低出生率を出しているのは，お隣の国である韓国です。韓国の合計特殊出生率は0.81[*2]です。2018年から1を切り年々下降しています。中国は1.3[*3]，台湾は0.97[*4]です。日本と同様に超少子化といえます。

次に高齢化率をみてみましょう。総人口における65歳以上の人口が占める割合が世界一高いのは日本で，高齢化率は28.9%となっています[2)]。そして2025年には30%に到達すると試算されています[*5]。高齢者の人口でみれば世界最多の国は中国です。中国の65歳以上の人口は2億人以上，総人口の14.2%を占めます。図4の「主要国に

＊2　OECD Data, Fertility rates.（https://data.oecd.org/pop/fertility-rates.htm　2022年11月9日閲覧）
＊3　中国国务院第七次全国人口普查领导小组办公室编（2020）「6-4　各地区育龄妇女年龄别生育率」『2020　中国人口普查年鉴』.（http://www.stats.gov.cn/tjsj/pcsj/rkpc/7rp/zk/indexch.htm　2022年11月9日閲覧）
＊4　中華民國內政部戶政司全球資訊網「育齡婦女一般生育率，年齡別生育率及總生育率按生母教育程度分」.（https://www.ris.gov.tw/app/portal/346　2023年2月14日閲覧）
＊5　内閣府（2022）「高齢化の状況」『令和4年版　高齢社会白書』, p.4.（https://www8.cao.go.jp/kourei/whitepaper/w-2022/zenbun/04pdf_index.html　2023年2月14日閲覧）

おける高齢化が７％から14％へ要した期間」を見ると，日本は高齢化率が７％から14％となったのが1970年から1994年の24年間であり，欧米諸国と比較すると短期間で到達しています。中国は日本よりも１年早く23年間（2002→2025年），韓国はそれよりも早く18年間（2000→2018年），シンガポールが17年間（2004→2021年）となっています。

以上より，世界のなかでも東アジア諸地域は少子高齢化が急速に進行している地域であることがわかります。欧米と比べて少子高齢化が早く進行していますが，これの何が問題となるかというと，社会保障などの社会制度の整備が追いつかない可能性があるということ，子ども・高齢者・家族に対する人々の考えや既存の価値観，規範もこの急速な変化に対応することが難しい可能性があることがあげられます。

いずれにしても日本のみならず，東アジア社会には通底する課題，そして課題を受け止めたり乗り越えたりするヒントがあるはずです。そのため，グローバルな視点で日本の外から日本の少子高齢化，家族やケア（子育て・介護）をとらえる必要があります。今後も東アジアを取り巻く少子高齢化現象は注視していく必要があるのです。

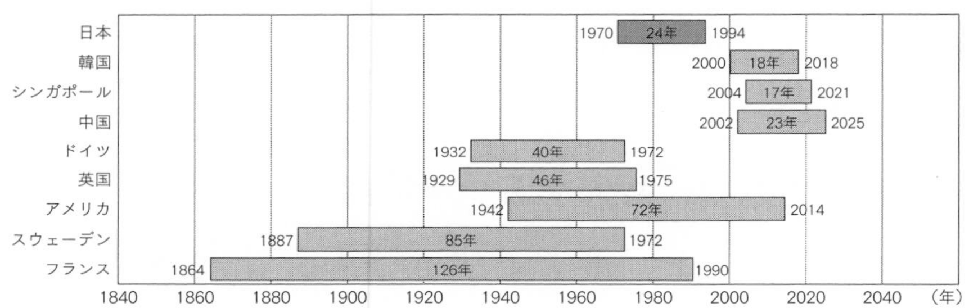

●図４　主要国における高齢化が７％から14％へ要した期間

（内閣府〔2022〕「令和４年版　高齢社会白書」, p. 8より抜粋し作成）

（3）子育てに優しい社会になるには

前述の「超少子化とは？」で「産後パパ育休制度（育児・介護休業法）」について触れました。確かに日本の政策は子育て支援に力を入れています。しかし，日本社会は世界の国々と比べて子どもを育てやすい環境になっているでしょうか？　それを検討するために，このような統計があります。日本・フランス・ドイツ・スウェーデンの４カ国の20から49歳の男女を対象とした「少子化社会に関する国際意識調査」(2021)です。図５をみると，日本は他国と比べてもそう思わない（61.1%）と回答する人が圧倒的に多いことがわかります。

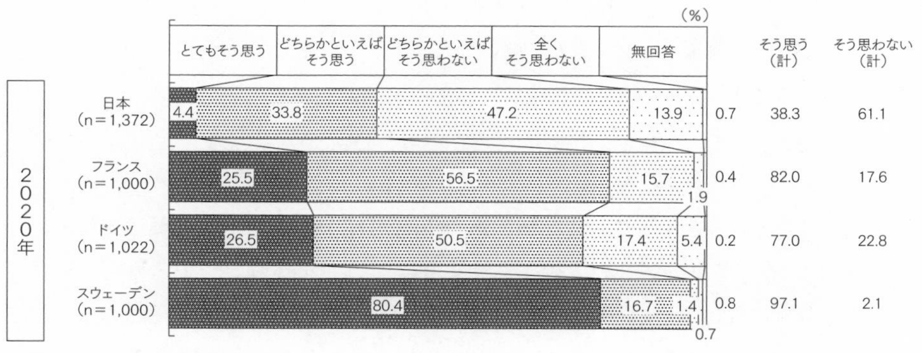

●図5　子どもを産みやすい国だと思うかどうか
(内閣府〔2021〕「令和２年度　少子化社会に関する国際意識調査　報告書」, p.12より抜粋して作成)

次に，なぜ日本は子育てがしにくのでしょうか。その理由について考えてみましょう。

〈事例〉 13-1

電車やバスのなかで子どもが騒いだら

Ａさん夫婦は現在，仕事の都合で小さい子どもたちと一緒に海外で生活をしています。Ａさん夫婦と子どもたちはお正月になると長期休暇を取り，日本に帰ります。Ａさんも子どもたちも日本に一時帰国することを楽しみにしています。日本の家族や親せき，友達と会ったり，日本食を食べたりしたいからです。

ですが，Ａさんは移動する際に日本の電車やバスに乗るのが少し苦手です。それは子どもたちが，もし電車やバスのなかで騒いでしまうと，周囲の人々に迷惑をかけてしまうと思うからです。

この事例は，決して海外で生活経験のある人々だけが体験しているわけではありません。日本で子育てを経験した人は，このような気持ちを体験しているかもしれません。現在，子育ては，政策面でも，社会や教育でも，重視される一方，このようなことがメディアやSNSを騒がせることがあります。たとえば，保育施設建設に対する反対運動が起こったり，混んでいる電車のなかにベビーカーを押して子どもと同乗することに批判があがったりするなどです。少子化の深刻さや子育ての重要性を理解しているつもりでいても，いざ自分の周囲で起こるとなると，それを忌避したいという傾向が日本社会を取り巻いているようにも思えます[6)]。それが日本社会の子育てのしづらさにもつながっているのではないでしょうか。次のデータから日本社会での子育てのどのような点に困難が伴うのかについてみてみましょう。

（%）

	2020年				日本	
	日本（n＝525）	フランス（n＝820）	ドイツ（n＝787）	スウェーデン（n＝971）	2020年（n＝525）	2015年（n＝351）
各種の保育サービスが充実しているから	37.9	54.4	58.4	74.5	37.9	27.1
教育費の支援、軽減があるから	39.0	51.1	39.3	84.1	39.0	28.8
妊娠から出産後までの母体医療・小児医療が充実しているから	46.1	56.0	58.3	71.0	46.1	52.1
公園など、子供を安心して育てられる環境が整備されているから	32.0	45.2	52.9	57.7	32.0	29.6
雇用が安定しているから	10.3	5.6	28.2	70.1	10.3	13.1
フレックスやパートタイムなど、柔軟な働き方ができるから	17.0	23.7	52.6	66.8	17.0	13.1
育児休業や出産休暇を取りやすい職場環境が整備されているから	13.7	22.4	31.5	49.5	13.7	16.0
育児休業中の所得保障が充実しているから	8.2	25.4	44.7	83.6	8.2	8.3
子育ての経済的負担が少ないから	4.8	9.0	12.1	19.2	4.8	6.6
地域の治安がいいから	52.0	28.3	32.0	34.0	52.0	51.3
親との同居、近居により親の支援があるから	17.9	25.6	20.2	24.9	17.9	28.5
地域で子育てを助けてもらえるから	5.5	14.3	14.4	40.9	5.5	13.7
子供を生み育てることに社会全体がやさしく理解があるから	8.6	16.6	19.7	54.5	8.6	11.4
その他	3.2	0.2	0.6	0.5	3.2	−
無回答	0.4	0.1	0.1	0.5	0.4	0.6

注：「無回答」について、2015年は「わからない」という項目になる。

●図６　子どもを生み育てやすい国だと思う理由（複数回答）
（内閣府〔2021〕「令和２年度　少子化社会に関する国際意識調査　報告書」，p.14より抜粋して作成）

図６をみると，ほかの３か国と比べると日本は医療と治安以外はポイントが低いことがわかります。そのなかでも「子育ての経済的負担が少ないから」(4.8%)，「育児休業中の所得保障が充実しているから」(8.2%) といった子育てのコスト面，そして「地域で子育てを助けてもらえるから」(5.5%)，「子供を産み育てることに社会全体がやさしく理解があるから」(8.6%) といった周囲や社会の意識面，２つの側面で低いことがわかります。

意識の面で話をすると，日本では誰か一人（おもに母親）の手による孤独な子育てという意味で「孤育て」ということばが使われることがあります。子育てを含めたケア（子育て・介護）を社会化していこうという議論がされてから長い時間が経過しています。「ケアの社会化」の議論にもあるように，少子高齢化現象が顕在化して以降，私たち一人ひとりが，自分や周囲の人のケア（子育て・介護）をどうするのか，社会全体でケアをどうしていくのかを考えていく必要があります。

家族・家庭環境の変化

（1）近代家族から脱近代家族へ

現在，家族のありようは多様化しています。近代に生まれ，高度成長期に一般化していった近代家族像が当てはまらなくなっています。近代家族の特徴に関しては，詳細を述べませんが，簡単にいえば「男性は外で仕事，女性は内で家事育児」という性別役割分業を行い，夫婦は愛情でつながり，子どもは庇護・教育される存在としてみなし，すべてではありませんが主として核家族の形態をとる家族のことです[*6]。

この近代家族観は，政治・経済・法律・教育などの欧米のシステムとともに日本へもたらされました。近代家族の特徴である性別役割分業，子ども中心主義，夫婦・親子は親密で愛情で結ばれるという特徴をもつ近代家族観は，ヨーロッパであっても200年程度の歴史しかなく，決して普遍的な家族モデルではないという見解に立っています[7)]。日本でも同様ではないでしょうか。また実態をみると，性別役割分業型の世帯（近代家族型世帯）は減少の一途をたどり，1990年代以降は共働きの世帯が増加しています。

＊6　磯部香（2022）「第６章　家族・家庭の意義と機能」藪中征代・玉瀬友美編著『子どもの家庭支援の心理学』，萌文書林，pp.84-94に近代家族の特徴や家族のとらえ方についてまとめてありますのでご参照ください。

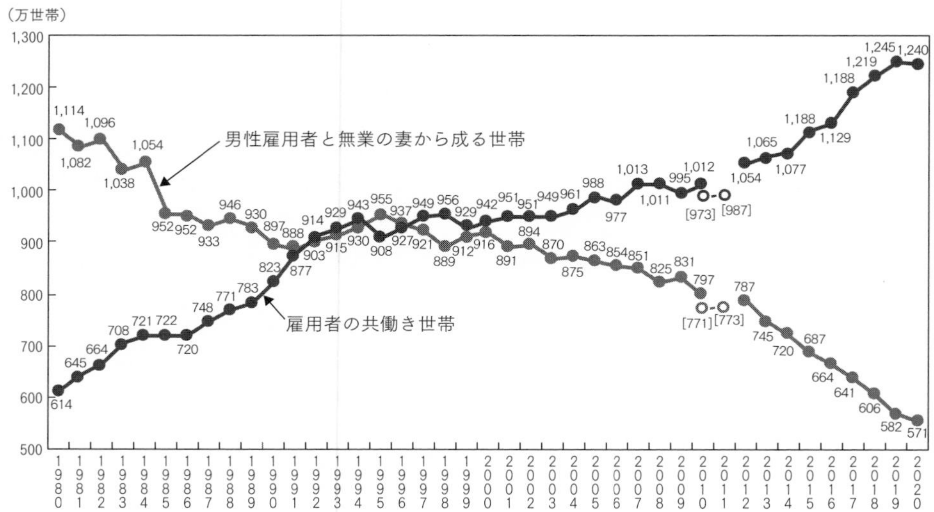

● 図７　共働き等世帯数の年次推移

（厚生労働省（2021）「令和３年版　厚生労働白書」, p.185より抜粋して作成）

現在，「脱近代家族」の時代といわれています。時代・地域・民族・人種・宗教・性別などの多様な属性を加味すれば，多様な家族形態，多様な家族観が存在します。たとえば，家族や家庭のとらえ方は，核家族，３世代・４世代で暮らしている拡大家族，ひとり親家族，ステップファミリー*7，里親家族，国際結婚からなる家族，同性婚カップルなど，多様化しています。そのため多様な家族への理解や支援が急務となっています。

図８をみてみましょう。2015年の段階では，単独世帯が34.5%，夫婦のみの世帯20.2%，ひとり親と子供（9.5%）ですが，この３つの世帯は今後も増加することが見込まれています。一方，夫婦と子供，三世代等の世帯は減少していくと試算されています。夫婦と子どもの世帯，いわゆる近代家族を標準とした家族モデルは，日本には合わなくなっていることがわかります。また，単独世帯の増加から考えなくてはいけないことは，家族をつくるか・つくらないか，そして家族を継続させるか・させないかは，個人の選択にゆだねられているということです。これを「家族の個人化」といいますが，家族単位で社会制度をとらえるのではなく，個人単位でとらえる視点へのシフトも非常に重要になっています8)。

＊７　ステップファミリーとは，血縁のない「継親子関係を含む家族」のことを指します（菊地真理（2018）「ステップファミリー」日本家政学会編『現代家族を読み解く12章』，丸善出版，p.76)。

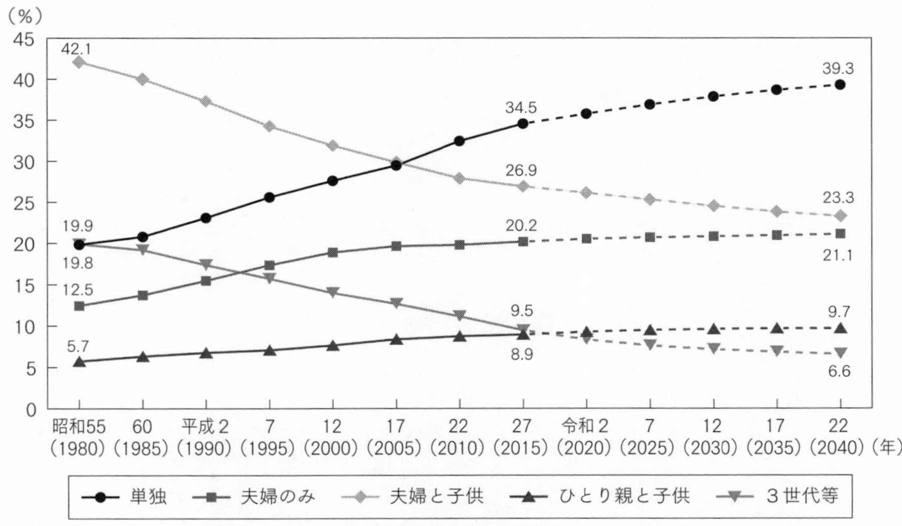

（備考）1．国立社会保障・人口問題研究所『日本の世帯数の将来推計（全国推計）』（2018（平成30）年推計）より作成。
2．一般世帯に占める比率。「3世代等」は、親族のみの世帯のうちの核家族以外の世帯と、非親族を含む世帯の合算。
3．「子」とは親族内の最も若い「夫婦」からみた「子」にあたる続柄の世帯員であり、成人を含む。
4．平成27（2015）年は家族類型不詳を案分した世帯数を基に割合を計算している。令和2（2020）年以降は推計値。

●図8　世帯の家族類型別構成割合の推移

（「令和4年版　男女共同参画白書」, p.13より抜粋して作成）

（2）多様な家族・家庭環境を理解しよう

多様な家族・家庭環境のなかでも，本項では再婚家族，ひとり親家族をみてみましょう。次ページの図9をみると，初婚件数は減っていますが，婚姻件数に占める再婚の割合は26.4%となり，増加傾向にあります。また，夫妻の初婚 - 再婚の組合せ別再婚の割合については，夫婦とも再婚（37.3%），夫再婚－妻初婚（36.3%），夫初婚－妻再婚（26.4%）となっています[9)]。

また，ひとり親世帯についてもみていきましょう。次ページの表2において母子世帯の割合は86.8%であり，1988年から2016年の28年間で68.1%増加していることがわかります。さらに着目すべきは，母子世帯と父子世帯の雇用格差に伴う収入格差です。父子世帯の89.7%が正規雇用労働者であるのに対し，母子世帯は47.7%であること，そして平均年間就労収入は母子世帯は200万円，父子世帯は398万円と約2倍近くの大きい開きがあるということです。正規雇用労働者であっても，パート・アルバイトなどの非正規雇用労働者であっても，母子世帯は父子世帯の年収を下回り，年収にジェンダー格差が見受けられます。このように母子家庭が置かれている環境は，子どもの貧困と直結している可能性が高いです。

さらに子どもの貧困は，子ども期のみに影響を与えるわけではありません。阿部彩は「子どもが貧困状態の中で育つということは，その子どものその時点での学力，成長，生活の質などに影響を与えるだけでなく，それはその子どもが一生背負っていかねばならない「不利」な条件として蓄積される」と論及しています[10)]。コロナ禍の影響もまだ残っている現在，さまざまな家庭環境への公平な経済的支援と，子どもたちへの公正な教育の機会を整備することが急務となっています。

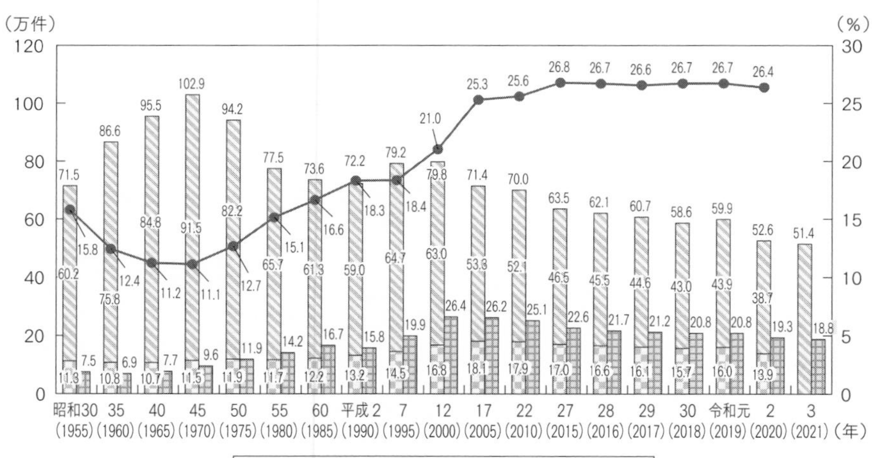

（備考）1．厚生労働省「人口動態統計」より作成。
2．令和３（2021）年の数値は、日本における外国人等を含む速報値。令和３（2021）年の婚姻件数は、再婚件数と初婚件数の合計。

● 図９　婚姻・離婚・再婚件数の年次推移

（内閣府〔2022〕「令和４年版　男女共同参画白書」, p.9より抜粋して作成）

● 表２　ひとり親世帯の状況

およそ30年間で、母子世帯は約1.5倍、父子世帯は約1.1倍に増加。

	（昭和63（1988）年）		（平成28（2016）年）
母子世帯数【注】	84.9万世帯	→	123.2万世帯　（ひとり親世帯の86.8％）
父子世帯数【注】	17.3万世帯	→	18.7万世帯　（ひとり親世帯の13.2％）

【注】 母子又は父子以外の同居者がいる世帯を含めた全体の母子世帯、父子世帯の数

	母子世帯	父子世帯	一般世帯（参考）
就業率	81.8%	85.4%	女性71.3% 男性83.9%
雇用者（役員を除く）のうち正規雇用労働者	47.7%	89.7%	女性49.2% 男性83.3%
雇用者(役員を除く)のうち非正規雇用労働者	52.3%	10.3%	女性50.8% 男性16.7%
平均年間就労収入	200万円 正規雇用労働者：305万円 パート・アルバイト等：133万円	398万円 正規雇用労働者：428万円 パート・アルバイト等：190万円	（平均給与所得） 女性293万円 男性532万円
養育費受取率	24.3%	3.2%	–

（備考）1. 母子世帯及び父子世帯は厚生労働省「平成28年度全国ひとり親世帯等調査」より作成。
母子世帯及び父子世帯の正規雇用労働者、非正規雇用労働者の構成割合は、「正規の職員・従業員」及び「非正規の職員・従業員」(「派遣社員」、「パート・アルバイト等」の計）の合計を総数として算出した割合。
平均年間就労収入は、母子世帯及び父子世帯の母又は父自身の就労収入。
2. 一般世帯の就業率は総務省「労働力調査（令和3年）15～64歳」、平均年間就労収入は国税庁「民間給与実態統計調査（令和2年)」より作成。

（内閣府〔2022〕「令和４年版　男女共同参画白書」, p.26より抜粋して作成）

3 文化の多様性

（1）多様な人々が生活している日本

最近よく「多様性：diversity」という言葉を耳にします。多様性とはどのような意味でしょうか。手嶋將博の「教育における『多様性』の保障とその対応の国際比較－教育制度・施策の視点から－」[11)]を参考にすると，

> たとえば，グローバリーゼーション等により，文化多様性・地域多様性等の概念として用いられる。また，「価値の多様性」等の概念として用いられる場合もある。歴史的に見ると，交通・交易等の物理的な要因によって，思想・宗教・民族・人種が入り乱れて存在し，接触・交流が発生した地域には，その結果，さまざまな文化的要因が入り混じって，社会的な変革が発生している。…（中略）…単純に人や文化が混じり合った結果として存在しているわけではない。各民族が確固たるアイデンティティを維持しながら相互に尊重する事で，「共生」の考え方が生まれ，大きな社会の変革を促す傾向が歴史上の現象に見て取れる。…（中略）…このように多様性とは，人間の中にみられる様々な身体的，人種，エスニシティ，性別，年齢，障害（ママ）の有無，社会的経済ステータス，性的指向，宗教，階級，政治的信条等の面における違いであり，これらの違いを受け入れ，互いの個性を認め活かしあおうとする考え方や姿勢であるといえる

と書かれてあります。多様性を重視することで既存の価値観を超えた新たな価値観や考え方が創造できるのです。SDGsのなかにもあるように，持続可能な社会を構築していくためには多様性を認め，お互いを理解していくことが必要になります。

上記の手嶋の論文より，身体的・人種・エスニシティ・性別・年齢・障がいの有無・社会的経済ステータス・性的指向・宗教・階級・政治的信条などの多くの側面があることがわかりました。今回はそのなかでも国籍・人種や民族に焦点をあて，日本における外国につながりのある人々（子どもたち）について考えてみましょう。

日本は島国のため，ほとんどが日本語を使用する同じ民族が集まって生活しているのに，なぜ，国籍，人種や民族に着目するのだろうかと不思議に思われるかもしれません。ですが日本の歴史を紐解くと，太古の昔より海を渡り，日本にたどり着いた人々の存在，そして多様な文化背景をもつ人々が交流し，新たな政治や文化システムを生成していたことは，すでに周知の事実となっています。話を現代に戻すと，法務

省出入国在留管理庁*8によれば，コロナ禍の影響があり一度は2021年に減少したものの，2022年６月のデータによると，在留外国人数は296万1,969人であり，前年末に比べ7.3％増加しています。このことから2022年は，過去最多となりそうな勢いにあります。また，国籍別でみると一番多いのは中国，次にベトナム，韓国，フィリピン，ブラジルと続きます。在留外国人の構成比をみれば中国籍は25.1％であり，全体の４分の１を占めます。ちなみにベトナムは16.1％，韓国は13.9％，フィリピンは9.8％，ブラジルは7.0％となっています。

それに伴い，外国籍，外国につながりのある子どもたちの数も増加しています。０歳から６歳は106,285人で，そのうちアジアの国籍の子どもたちは86,289人で81.2％を占めます（法務省「在留外国人統計」，2022）*9。このような状況下において外国籍，または外国につながりのある未就学児への対応が求められています。次項では保育現場でどのようなことが課題となっているのか，先行研究からみてみましょう。

（2）子どもたちのなかの多文化共生とその課題

咲間まり子の著書『多文化保育・教育論』から就学前施設にての外国につながりのある子どもと保護者への課題と支援について概観してみましょう[12)]。

> （略）…外国につながりのある子どもは，学期や学年の途中から急に入園するケースも多く，保育者は外国につながる子どもの母語や言語発達，多文化保育について十分に学んだり準備したりする機会がないまま保育をする場合も多い。そのため，特に，来日したばかりで日本語が全くわからない子どもの場合，保育者も試行錯誤を重ねながら保育を展開することになる。…（中略）…外国につながりのある子どもが日本語がわからない場合，園での細やかな習慣や決まり等を理解するのが難しく，また，なぜ怒られているのかがわからないため，他の子どもたちよりも理解や習慣に時間がかかることがある。…（中略）…また園での母語の使用を禁止することは，子どもの母語を否定することにつながる危険性があることもふまえて援助する必要がある。

咲間は，母語を就学前施設で使用する機会が少なくなる，または日本語のみを使用するような保育を行うと，親子にとってコミュニケーションツールであった母語を子

＊８　法務省入国在留管理庁「令和４年６月末現在における在留外国人数について（報道発表資料）」.（https://www.moj.go.jp/isa/publications/press/13_00028.html　2023年２月14日閲覧）

＊９　法務省入国在留管理庁（2022）「国籍・地域別　年齢・男女別　在留外国人」「在留外国人統計（旧登録外国人統計）／在留外国人統計」.（https://www.e-stat.go.jp/stat-search/files?page=1&layout=datalist&toukei=00250012&tstat=000001018034&cycle=1&year=20210&month=24101212&tclass1=000001060399&tclass2val=0　2023年２月14日閲覧）

どもが使うのを恥ずかしいと考える場合もあり，それによって親子の関係性に変化をきたしたり，母国の文化習慣を肯定的に受け止められなくなったり，さらに子どもがアイデンティティクライシスを起こしたりする可能性があることを指摘しています。

また咲間は，「食事」についても言及しています。より豊かな人間関係を構築するためには「就学前施設での食を通した経験も，子どもたちの周囲の環境への関心の広がりや人間関係の深まりに大きな影響を与えるものになり得る」[13] とあり，たとえば，イスラムのハラール料理をとおして，子どもたちは異文化や宗教・信仰を知る貴重な機会にもなると言及しています。

無論，子どもの置かれている状況は十人十色であるので，すべての子どもに当てはまるわけではありません。したがって，その子や保護者の背景に沿ったきめ細やかな対応が必要となります。また外国につながりのある子どもと保護者と日本の子どもや保護者が互いに多様な文化習慣を理解し，相互交流が促進されるには保育者の役割は大変重要となってきます。

(3)「違う」ことが前提となる社会へ

「違う」ことが前提となるとは，どのようなことでしょうか。次の事例から考えてみましょう。

〈事例〉 13-2

また今度って「いつのこと？」

あなたは学校の先生です。教え子である外国籍のBさんがあるとき，困った顔をして，あなたにこう言いました。

「先生，昨日Cさんに一緒に遊ぼうと言ったのですが，Cさんは「また今度ね」と言いました。先生，「また今度ね」と言われたことがとても不安です。」

Bさんの話を聞いて，「また今度ね」ということばを，Bさんが不安に感じているのかがわからず，あなたは不思議に思いました。

この事例を解釈するのは，少し難しいかもしれません。この事例は筆者が経験した出来事です。最初，筆者もBさんがなぜ「また今度ね」ということばに，そんなに不安になっているのかがわかりませんでした。

日本語を使い慣れている人であれば，いつか時間が空いたときにBさんは一緒に遊んでくれるんだな，またはもしかすると実現しないかもしれないな，とあまり違和感がなく受け止められるかと思います。しかし，日本語や日本文化にあまり慣れていない場合，今度とはいつなんだろう，なぜ○日に遊ぼうね，と言ってくれないんだろう，もしかすると自分は相手に好かれてないのかもしれない，と考えてしまい不安になってくるそうなのです。日本語は，ほかの言語と比較してもハイコンテクストに位置し，ことばにされないことや，ことばの裏にある文脈を理解すること，いわゆる「空気を読む」ことが会話のなかで求められることが多々あります。このような言語文化の差異を私たちは理解しておかなければなりません。

また，多様な文化背景をもつ子どもたち，保護者と接するときには，日ごろから上記のような文化の差異を意識することが重要となってきます。保育所保育指針の「4 保育の実施に関して留意すべき事項」のオには，「子どもの国籍や文化の違いを認め，互いに尊重する心を育てるようにすること」[14) と明記されています。文化の違いというと，たとえば，親しい間柄や日本人同士であったらことばにする必要はないと思うかもしれません。しかし，たとえ日本人同士であっても，生まれ育った背景が違う者同士です。まず，自己と他者は考えていることが違うということを前提にして行動する必要があるでしょう。また，ことばだけに頼らず，イラストや動画，ジェスチャーといった，ありとあらゆる表現方法を駆使して，ていねいにゆっくりと他者に伝えることが大切であるといえるでしょう。

振り返り

1．197頁の図6の子どもを生み育てやすい国だと思う理由（複数回答）を見てください。①日本とほかの３か国を比べてみて，どの点に違いがあるかを考えてみましょう。②子育てしやすい社会を構築するためには，どのような視点が必要かも考えてみましょう。

2．あなたは，幼稚園の教員です。現在，多様な家族をもつ子どもたちが保育室にいます。あなたは保育室のなかで，多様な家族をもつ子どもたちに対し，どのような点に注意を払いながら指導すべきだと思いますか。具体的に考えてみましょう。

３．あなたは，保育所の保育士です。外国につながりのある子どもが通園しています。外国につながりのある子どもが，日本語で自分の意思をまだ明確に表現できない場合，あなたはどのようにしてほかの子どもたちとの交流を促進させますか。具体的にその方法を考えてみましょう。

【引用文献】

1）内閣府（2004）「第１章　少子化の現状はどのようになっているのか」「平成16年版少子化社会白書」, p.2.（https://www8.cao.go.jp/shoushi/shoushika/whitepaper/measures/w-2004/pdf_h/honpen.html　2022年11月９日閲覧）

2）内閣府（2022）「令和４年版　少子化社会対策白書」, 2022, p.4.（https://www8.cao.go.jp/shoushi/shoushika/whitepaper/measures/w-2022/r04pdfhonpen/r04honpen.html　2022年11月９日閲覧）

3）佐藤龍三郎「日本の「超少子化」―その原因と政策対応をめぐって―」『人口問題研究』, 64(2), 2008, pp.10-24.

4）松田茂樹（2013）『少子化論―なぜまだ結婚・出産しやすい国にならないのか―』, 勁草書房, pp.14-25.

5）厚生労働省「添付資料３　育児休業ミニリーフレット」,「報道発表資料・2022年８月産後パパ育休（出生時育児休業）が10月１日から施行されます」.（https://www.mhlw.go.jp/content/11911000/000977791.pdf　2022年11月９日閲覧）

6）磯部香（2022）「日本・中国・デンマークの若者のケア意識」宮坂靖子編著『ケアと家族愛を問う―日本・中国・デンマークの国際比較―』, 青弓社, pp.19-57.

7）弓削尚子（2021）『はじめての西洋ジェンダー史―家族史からグローバル・ヒストリーまで―』, 山川出版社, pp.47-48.

8）清水新二（2015）「家族の個人化」清水新二・宮本みち子編著『新訂　家族生活研究―家族の景色とその見方―』, 放送大学教育振興会, pp.153-154.

9）内閣府男女共同参画局（2022）「令和４年版　男女共同参画白書」, p.9.

10）阿部彩（2008）『子どもの貧困―日本の不公平を考える―』（岩波新書）, 岩波書店, p.24.

11）手嶋將博（2019）「教育における『多様性』の保障とその対応の国際比較－教育制度・施策の視点から－」『教育研究所紀要』, 28, pp.7-15.

12）咲間まり子（2014）『多文化保育・教育論』, みらい, pp.31-33.

13）咲間まり子, 前掲書12）, p.40.

14）厚生労働省（2017）『保育所保育指針』, フレーベル館, p.48.

社会環境の多様性と子どもの人間関係

社会環境の変化と子育て

(1) 子どもが「マイノリティ」になる社会

日本では子どもの数が減っています。統計によると，2020（令和２）年の日本の０～14歳の人数は，1,500万人を下回りました。子どもの数は減少傾向にあります。1970（昭和45）年では，０～14歳の人数はおよそ2,480万人でした。少子化は先進国では起こりえる現象ですが，日本の少子化は，それらの国と比べても極めて進んでいる状況です。

ちなみに1970年の65歳以上の人数はおよそ730万人でしたが，2020年ではおよそ3,500万人になっています。人口構成を考えると，日本社会では子どもが少数派（マイノリティ）になってきていることがわかります[1)]。

(2) 労働力不足と「女性の活躍」への期待

子どもが減ることは，その国の労働力不足につながります。日本の社会でも，経済を維持するためには，働き手の不足が課題となります。そのなかでとくに注目されるようになったのが，女性の労働力です。

たとえば1950～1970年代の日本には，家庭の仕事だけをする女性（専業主婦）が増えました。彼女たちのなかには子どもや高齢の親の世話などで，職業をもつことをあきらめた人もいました。当時の日本社会は，女性は「結婚したら家庭に入る」という考え方が規範（当たり前のこと）として存在する社会でした。しかしその後，日本社会では，共働き世帯が多くなり，子育てをしながら働く女性が増加しました。少子高齢化が進むなかで国家や市場は，彼女たちに外で「働いて」（つまり，お金を稼ぐ仕事をして）もらうことを考え始めたのです。政府もとくに1990年代から，育児休業の法律をつくったり，保育サービスを充実させたりして，女性が子育てしながら働くことの支援をし始めました。

（3）ワーク・ライフ・バランス

働く人たちの仕事と生活の考え方も変化し始めました。そして，仕事と生活の調和（ワーク・ライフ・バランス）という考え方が支持され始めました。政府もこの考え方を，2000年代以降，徐々に進めてきました。

そして，実際に子育てもしながら生活を楽しみたいという男性も増えてきました。「イクメン」（子育てをする男性）という言葉が聞こえるようにもなり，どのように仕事と子育てを両立しているのかを発信する父親も現われ始めました。男性の育児休業の取得率は，2020年度では，民間企業ではおよそ12％です。少しずつではありますが，仕事と家庭の両立を図る男性の労働環境の変化が報告されています[2)]。

コロナ禍が子育て家庭に与えた影響—貧困と孤立—

（1）女性の経済的貧困

2020年から全世界に広がった新型コロナウィルスは，日本社会にも深刻な影響をおよぼしました。そのなかで，現状では子育ての多くを担っている女性についてみてみると，２つの問題が指摘できます。

一つ目は，女性の経済的貧困です。女性たちから仕事が奪われたということです。先ほど，女性が働く社会になったと述べましたが，実際は，女性が多く就いたのは，パートやアルバイトといった非正規雇用だったのです。

非正規雇用とは，期限のある働き方です。日本では，非正規雇用と正規雇用を比べると，給与や仕事の内容に大きな差があります。日本の非正規と正規の労働条件の格差は諸外国と比べて大きいのです。非正規雇用の労働条件は，正規雇用と比べて労働時間が比較的自由に決められる一方，給与が低く抑えられ，解雇されやすいという現実があります。

世界中に広がったコロナ禍で，お店には多くのお客さんが来なくなり，倒産する会社も現れました。その結果，非正規雇用の従業員を解雇した会社も多かったわけですが，解雇の対象には多くの女性が含まれました（図１）[3]。

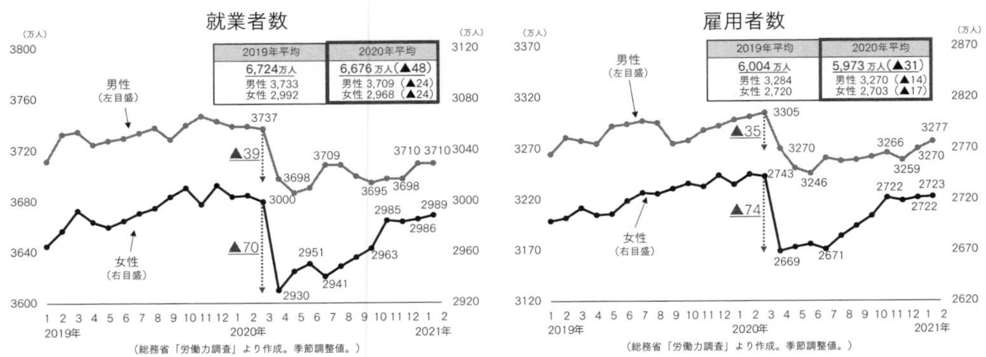

●図１　就業者数・雇用者数の推移
（内閣府（2021）「コロナ下の女性への影響と課題に関する研究会報告書―誰一人取り残さないポストコロナの社会へ―」, p.8より）

（2）女性の貧困と子どもの貧困

日本では，非正規雇用の女性が仕事を失うことと，子どもの貧困には密接な関係があります。なぜでしょうか。そのもっとも大きな要因の一つは，日本では，正規雇用の働き方の多くが，家事や家族の世話をしながらできるものになっていないからです（残業や休日出勤があったり，転勤があったりすることなど）。そのため子育てしながら正規雇用で働くことが難しいと考える母親のなかには，仕事を辞めたり，非正規雇用を選んだりする人が少なくありません。

また，母親がシングルマザーならば，彼女たちは一人で仕事も家事も子育てもしなければなりません。パートやアルバイトで働く母親たちが，労働時間を減らされたり解雇になったりすると，それは子どもたちの暮らしに極めて厳しい影響を与えます。

シングルマザーを支援する「しんぐるまざあず・ふぉーらむ」が，コロナ禍で行った，シングルマザーの調査によると，次のような結果が見られたそうです[4]。

「食費や水道光熱費，教材費など１万円以上の出費が出ている」「新型コロナによる影響で収入が減少した」「収入が少なくなった」と答える人は５割程度，そして（コロナによる）学校の一斉休業で，休業中に政府からの休業補償（経済的なサポート）を実際に受け取れた人は２割未満，「すぐに現金給付が欲しい」と答えた人は８割弱だったそうです。

次に，母親たちは子育ての心配事として，「外遊びが減っており子どもの生活リズムが心配」「一人で勉強できない，勉強についていけるか心配」「オンライン学習支援も，パソコンや通信環境がない」などと答えています。そして母親たちは，お金のことだけではなく，子どもが安心して居られる場所や支えてくれる人たち・仕組みも希望しています。なお，同フォーラムの調査結果からは，母親たちの次のような声が聞こえています（以下，しんぐるまざあず・ふぉーらむの調査結果より引用）。

〈調査結果から〉

・ホテル業界で仕事している為（,）暇になり収入が減って出勤も余り出来ない。収入が減ったので新学期に新しく買うのも我慢して貰って買ったり出来ない（北海道，パート・アルバイト，子ども２人）。

・小学校と中学校の入学が重なっている為，準備にお金がかかり４月の食費や光熱費や学費が払える自信がありません（山梨県，パート・アルバイト，子ども３人）。

・子どもが家にいて，簡単なものですが食事も用意してるので，食費がかかり，早く終息してほしいです。お米類でお腹を満たし，栄養が偏り困っているが，我慢している。日用品，生活費，食費もこれからどうしようかと悩んでいる（東京都，パートアルバイト，子ども１人）。

・収入は減らなくても，子どもがずっと在宅なことで食費，電気代等，確実に支出は増えています。本当は家に居てあげたくても，生活のために働いているし，雇用継続の為にも簡単に休めない（福井県，正社員，子ども２人）。

※（,）は筆者が追記

（3）子育て役割における母親の一極集中

図２の内閣府の調査[5]は，コロナ禍において，家事や家庭の仕事がどのくらい増

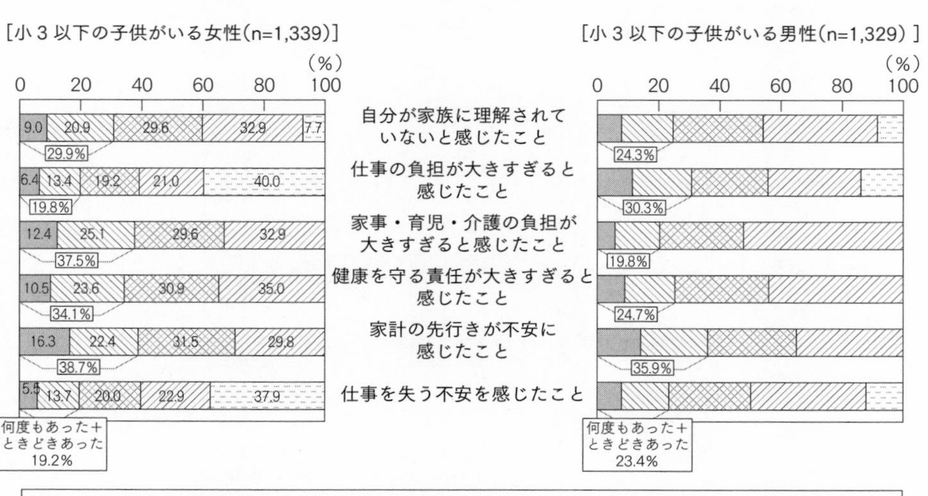

●図２　第１回緊急事態宣言中の心理状況

（内閣府〔2021〕「男女共同参画白書　令和３年版」ホームページより）

えたと感じているのかを配偶者のいる人に聞いたものです。このなかで「家事・育児・介護の負担が大きすぎると感じたこと」をみると，その負担感は男性よりも女性のほうがずっと多いのです。コロナ禍において，女性がいかに，家事や子育てにプレッシャーを感じていたかがわかります（図2）。その他，「自分が家族に理解されていないと感じたこと」「健康を守る責任が大きすぎると感じたこと」などの回答もみられます。

（4）親子が家族以外と関わる機会の減少

① 家庭に閉じこもる人間関係

国立成育医療研究センターは，子どもの保護者に，コロナ禍での子どもと保護者の生活や様子を調査しています[6)]。そのなかで，０～１歳の子どもの保護者は子どもの生活に関して，「外遊びの機会が少ない」「テレビやタブレット・スマホを見る時間が長い」などと答えています。

また，「同居家族以外のおとなの口元を見る機会が少ない（マスクのため）」「同居家族以外のおとなと触れ合う機会が少ない」「同世代のこどもと触れ合う機会が少ない」などの結果が報告されています。同報告書によると，これらの選択肢に１つ以上あてはまると回答した保護者は97％だったそうです。

コロナで，子どもたちが外出によって外の空気に触れたり，地域やまちの人と関わる経験が減ってしまったことが取りあげられています（図３）。

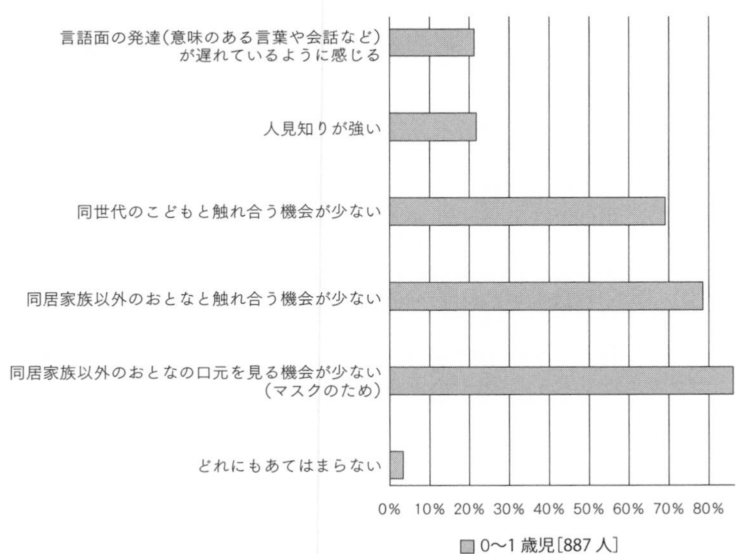

●図３　子どもの様子について保護者が感じていること
（国立成育医療研究センター〔2022〕『コロナ×こどもアンケート　第７回調査報告書』, p.17）

② 子育てを頼れる人がいない

また，シングルマザーを支援する団体が，コロナ禍においてシングルマザーを対象に行った調査の報告によると[7]，コロナ禍で何かあったときに，子育てを「頼れる人がいない」という人が多くいることがわかりました。この調査では，母親に対して，自身がコロナの陽性者や濃厚接触者になった場合に，子どもの世話を頼める人がいるかどうかを聞いています。それによると（そのような人は）「いない」という回答は，東京では８割を超えていたそうです。この団体は，日本では，母親一人に家計の責任と子育ての責任の双方がかかっているという現実と，コロナ禍で，その重責がさらに彼女たちにのしかかっている点を指摘しています。どうすればシングルマザーたちが生活を成り立たせていけるのかを，社会全体が考えなければならない，ということです。

子どもと親のよりよい人間関係のために —共生社会に向けて—

（1）ジェンダーの視点をもった学び

ここまで見てきたように，現在の日本は，経済・社会環境が劇的に変わってきています。そしてこの激動の時期に，コロナ禍が子どもや親たちの生活を直撃しました。それでは今後，日本の子どもたちが生きる未来に向けて，子育てに関してどのようなことを考え，実践する必要があるでしょうか。

一つ目は，大人たちの子育てにおけるジェンダーへの気づきです。少子高齢化と経済のグローバル化が進む現在の日本では，夫一人の給与で家族全員が暮らせることは極めて難しい状況です。だからといって母親が家事や育児のすべてを抱えたまま働くのは大きな負担です。いまだに「父親は仕事，母親は家事や子育てを」という感覚では，父親は子育てに関わる機会をもてません。子育てをするのは母親の役割だ，女性は非正規で働けばよい，男性の役割は稼ぐことだ，というような思い込みを，親も保育に関わる側ももっていないか，立ち止まる必要があるでしょう。

二つ目は，子どもたちが，自分と相手の性と人格を尊重できる教育です。それは，子どもたち自身が友達との関係のなかで，よりよい人間関係をつくっていくための人権教育でもあります。具体的には，子どもたちが自身の身体と心を守り，同様に友達の身体と心のあり方を尊重するための学びを進めていくというものです。文部科学省は，子どもが性暴力の加害者や被害者，傍観者のいずれにもならないよう，教育・啓発内容の充実，相談を受ける体制の強化，わいせつ行為を行った教員等の厳正な処分，社会全体への啓発について，今後取組を強化すると明示しています[8)]。

文部科学省は，子どもたちに対して，自身のプライベートゾーンを理由もなく他者にさわらせてはならないことを伝えています。子どもたちには，お風呂に入るときは裸であるのに，なぜプールに入るときには水着を着るのかを子どもに考えさせ，そこは他者がコントロールできない領域であることを教えた上で，他者に見せたりさわらせたりしないことを教えています（図4）。近年では，上半身が覆われる男子の水着のニーズも高まっています。

●図4　じぶんのからだ（1）
（文部科学省〔2022〕「生命の安全教育（幼児期）」ホームページより）

次に，自分に悪気がなくても，相手が不快・不安な気持ちになるさわり方をしないことが示されています。これらは，たとえばなぜ「スカートめくり」や「ズボンおろし」などを単なる遊びと考えるのが「悪い」ことなのかを子どもたちに考えせることにつながります。この資料は，子どもたちが相手の気持ちになって考えることの大切さを，ジェンダーの視点からも提案しています（図5）。そして，子どもたちが，もしも嫌なことをされたら逃げて，信頼できる大人に相談することも示されています（図6）。

●図5　じぶんのからだ（2）
（文部科学省〔2022〕「生命の安全教育（幼児期）」ホームページより）

● 図６　じぶんのからだ（３）
（文部科学省〔2022〕「生命の安全教育（幼児期）」ホームページより）

（2）デジタル技術による地域・社会とのつながり

デジタル技術を用いて親子の孤立を防ぐことも可能です。上述した国立成育医療研究センターが，０～１歳の子どもの保護者を対象にした調査では，家庭での悩みについて多かった回答は，「感染や感染予防のために日々の日常生活が制限されている」「子育てのちょっとした疑問やこどもの日々の成長について話せる人がいない」などでした（図７）[9)]。子どもをもつ保護者たちは，コロナ禍の前のように，家庭外の人と積極的に話し合うことや，一緒に行動をともにするなどの機会が非常に制限されているなかで生活していることがわかるでしょう。

なお，同調査では，「両親学級・親子学校（リアル又は対面）」「自治体が運営する子育て広場・乳幼児向けイベント（リアル又は対面）」などに参加したかもたずねていますが，そこには「利用したかったが，利用しなかった」「利用できる機会がなかった」などの回答もみられました。

おむつや粉ミルクやお尻ふきをもって，子どもを抱っこ・おんぶして，会場まで向かうのは簡単なことではありません。雨が降っていたら？　移動手段が徒歩しかなかったら？　駅から会場までが遠かったら？　その場合には，オンラインでの会合という手法もできました（もちろん対面にはかわないこともありますが）。しかし，乳幼児をもつ保護者たちの「ちょっとした話がしたい」「子どもをお友達と関わらせたい」というような希望を実現していく取り組みは，デジタル技術を使えば容易になるでしょう。それらは，With・Afterコロナの社会のなかで，子育てする親たちを支えるものの一つになっていくのではないでしょうか。

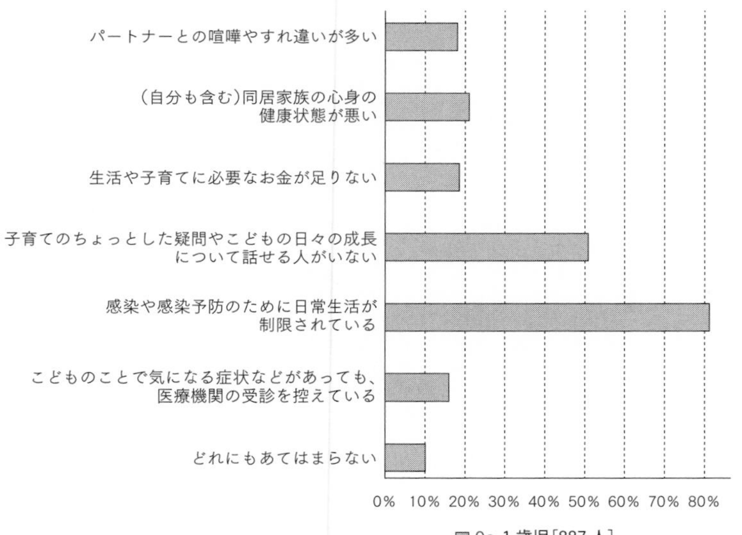

● 図７　家庭での悩み
（国立成育医療研究センター〔2022〕『コロナ×こどもアンケート　第７回調査報告書』, p.18）

（３）学校をとおして地域・親子・次世代がつながる

高知県の春野高校では，学校が子育て中の母親を学校に招いて，高校生と関わりをもたせる授業を2007（平成19）年度から行っていることが報道されています[10)]。それによると，子育てについて学ぶこの学科は，「子育て支援講座」という学習から始まり，高校生は毎月１回，同じ母親から子どもの様子を聞いたり，子どもたちと遊んだりするとのことです。

このような取り組みは，子育てが家族だけではなく，地域社会全体でされているという安心感を母親に与えることができるのではないでしょうか。また，子どもたちも，地域の人に世話してもらったり，遊んでもらったりしながら，家庭以外の人とふれあい，次世代ともつながりながら，人間関係をつくっていくことができるのではないでしょうか。

演習 振り返り

1．下の図は，６歳未満の子どもをもつ夫婦の家事・育児関連時間を過去と比較したものです。

①共働き世帯と片働き世帯（夫が仕事をし，妻が専業主婦）では，夫と妻の育児の関わりはどのように異なりますか。あなたは，それはなぜだと思いますか。

②あなたが保育者ならば，このような状況で子育てをしている妻や夫に対して，どのようなアドバイスができると思いますか。共働き世帯と片働き世帯に分けて考えてみましょう。

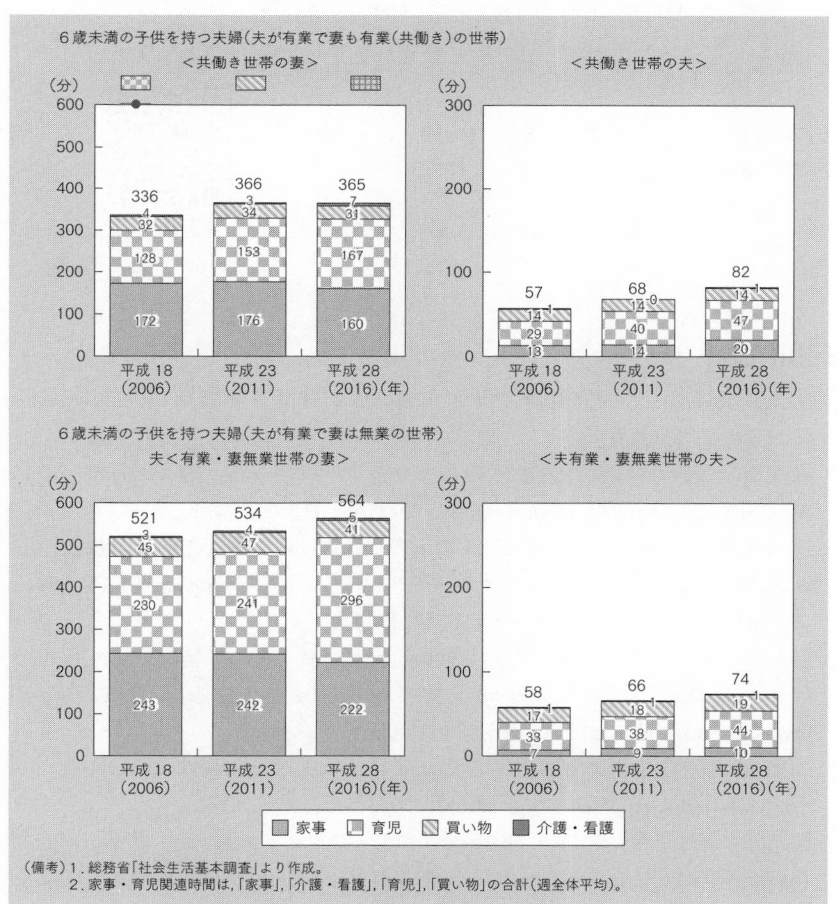

（内閣府〔2021〕『男女共同参画白書　令和３年版』ホームページより）

２．子どもたちがジェンダーの視点からお互いの人権を大切にできるように，あなたは保育者として，日ごろの子どもたちとの関わりで，どのようなことに気をつけたいと思いますか。話し合ってみましょう（以下の文献も参考にしてください）。

文部科学省（2020）「性犯罪・性暴力対策の強化について」
https://www.mext.go.jp/a_menu/danjo/anzen/index.html

【引用文献】

1）国立社会保障・人口問題研究所（2022）「人口統計資料集」．(https://www.ipss.go.jp 2023年１月31日閲覧)

2）内閣府（2022）「男女共同参画白書　令和４年版」．(https://www.gender.go.jp/about_danjo/whitepaper/r04/zentai/index.html　2023年１月31日閲覧)

3）内閣府（2021）「コロナ下の女性への影響と課題に関する研究会報告書　―誰一人取り残さないポストコロナの社会へ―」．(https://www.gender.go.jp/kaigi/kento/covid19/siryo/pdf/post_honbun.pdf　2023年１月31日閲覧)

4）しんぐるまざあず・ふぉーらむ（2020）「新型コロナでの影響：シングルマザー世帯への支援策に関するアンケート結果（2020/04/13暫定版）」．(https://www.single-mama.com/topics/covid19-support/　2023年１月31日閲覧)

5）内閣府（2021）「男女共同参画白書　令和３年版」．(https://www.gender.go.jp/about_danjo/whitepaper/r03/zentai/index.html　2023年１月31日閲覧)

6）国立成育医療研究センター（2022）「コロナ×こどもアンケート　第７回調査報告書」(https://www.ncchd.go.jp/center/activity/covid19_kodomo/report/　2023年１月31日閲覧)

7）石本めぐみ（2022）「シングルマザー調査プロジェクトからの報告―急変する家計と

子どもへの影響―」『生活経営学研究』, No.57, pp.11-15.
8）文部科学省（2020）「性犯罪・性暴力対策の強化について」（https://www.mext.go.jp/a_menu/danjo/anzen/index.html　2023年1月31日閲覧）
9）国立成育医療研究センター，前掲書６）.
10）（2022）「乳幼児を抱っこしたり，遊んだり…春野高校で続く子育て授業 「大切に育てられた」と実感」『高知新聞』（2022年12月２日電子版）.

【参考文献】

・シオリーヌ（大貫詩織）, 村田エリー絵（2021）『子どもジェンダー』, ワニブックス.
・小橋明子監著, 木脇奈智子編著, 小林拓真・川口めぐみ著（2020）『子育て支援』, 中山書店.

索　引

欧文

あ行

か行

さ行

た行

な行

は行

ま行

や行

ら行・わ

編著者・著者紹介

編著者

藪中征代（やぶなか・まさよ）――――――――――――――――――――――――――――――――――●第１章

聖徳大学大学院教職研究科教授

近内愛子（ちかうち・あいこ）――――――――――――――――――――――――――――――――――●第７章

聖徳大学幼児教育専門学校兼任講師／元聖徳大学短期大学部保育科教授

玉瀬友美（たませ・ゆみ）――――――――――――――――――――――――――――――――――――●第２章

高知大学教育学部教授

著者

磯部　香（いそべ・かおり）――――――――――――――――――――――――――――――――――――●第13章

高知大学教育学部准教授

小原貴恵子（おはら・きえこ）――――――――――――――――――――――――――――――――――●第５章

聖徳大学短期大学部保育科准教授

勝浦眞仁（かつうら・まひと）――――――――――――――――――――――――――――●第11章，第12章

同志社女子大学現代社会学部現代こども学科准教授

川端美穂（かわばた・みほ）―――――――――――――――――――――――――――――●第３章，第４章

北海道教育大学教育学部教授

佐藤牧子（さとう・まきこ）――――――――――――――――――――――――――――――――――●第９章

目白大学人間学部子ども学科助教

古川由紀子（ふるかわ・ゆきこ）――●第６章

聖徳大学短期大学部保育科教授

森田美佐（もりた・みさ）――●第14章

高知大学教育学部教授

安田徳章（やすだ・のりあき）――●第８章

江東区立第三大島幼稚園園長

吉田治子（よしだ・はるこ）――●第10章

聖徳大学短期大学部保育科兼任講師

●事例提供・写真，資料協力

・第４章　田澤くる美，認定こども園札幌ゆたか幼稚園（北海道札幌市）

雨山　朋未，認定こども園札幌ゆたか幼稚園（北海道札幌市）

・第６章　聖徳大学子ども図書館（千葉県松戸市）

・第10章　東京家政大学ナースリールーム（東京都板橋区）

松葉幼稚園（千葉県柏市）

・第11章　ひきえ子ども園（岐阜県岐阜市）

保育内容
人間関係
子どもの人との関わりと保育実践を学ぶ

2023年10月29日　初版第１刷発行

編著者　藪中征代・近内愛子・玉瀬友美

発行者　服部直人

発行所　㈱萌文書林
〒113-0021　東京都文京区本駒込６-15-11
TEL：03-3943-0576 FAX：03-3943-0567
https://www.houbun.com
info@houbun.com

印刷・製本　モリモト印刷株式会社

装幀・レイアウト　aica
イラスト　西田ヒロコ
本文DTP　有限会社ゲイザー

ISBN978-4-89347-410-0　C3037